著者 ponpoco

66歳、まずやってみる。

人生を愉しむシンプル暮らし

母から学んだ
持ちすぎないシニアライフ

扶桑社

はじめに

はじめまして、ミニマリストブロガーのponpocoと申します。

66歳になる私の母・pocohahaは、何事も悩む前に「まずやってみる」精神の持ち主で、不要なモノを潔く手放して老前整理をほぼ終えた、持ちすぎない暮らしの先輩です。

母はもうすぐ築40年になる持ち家に、モノを捨てられない自営業の父と、収集癖のある息子（私の弟）の3人で暮らしています。

シンプルライフといえば丁寧な暮らしをイメージされる方が多いと思いま

すが、母の場合は〝物事をシンプルに捉えて家事をラクにする暮らし〟と表現した方が合っているかもしれません。

すっきり暮らしたいけれど、ミニマリストのように最小限のモノで暮らすことに強いこだわりはなく、整いつつもそこで暮らす人の毎日が想像できるような、ぬくもりと生活感のある住まいを目指しているそうです。

この本はそんな母の暮らしのコツを一冊にまとめたもので、母の語った内容を娘の私が書き起こしました。読者の方にわかりやすいように、本文の語り部は私ではなく母本人にしています。

ひとりの60代女性の片付け体験談として、母と同世代の方はもちろん、その子ども世代の30～40代の方にも、「こんな暮らしもあるんだ」と気楽に読んでいただけたら幸いです。

ponpoco

目次

第2章 私が老前整理でやったこと

第3章 おしゃれ、美容、食事、健康

第4章 思い出の手放し方と人間関係

第6章 愛用品紹介

第1章

モノとの付き合い方を見直す

Ⅰ 持ちすぎない暮らしを選んだ理由

私がシンプルライフを始めた大きなきっかけのひとつは、2011年の東日本大震災です。

当時、銀行にいた私は一目散に外へ逃げる人々の姿を見て、「これは大変だ」と生まれて初めての出来事に慌てふためいたことを覚えています。

余震が来ないか緊張しながら帰宅すると、食器棚や本棚の中が崩れていて、地震大国の日本でモノを持ちすぎることはリスクが大きいと強く実感しました。

食器棚の高さを半分にするために、食器の数を見直そう。

ガラス扉の本棚を手放したいから、本も減らした方がいいな。

寝室にある衣装タンスも危ないから、服と一緒に手放そう。

防災のために大きな家具を処分しようと決意した私は、まずそこに収納している細々としたモノを手放すことにしました。

中身を出してみると、自分が想像していたよりもたくさんのモノが入っていて、「こんなにモノを持っていたのか」とビックリ。

片付けを進めていく中で、モノが少ないと管理する手間が減って家事がラクになると気づいた私は、「もっとシンプルに暮らしたい」と50代から約10年かけて、自分の手に余るモノをどんどん減らしていきました。

その間に実家の片付けも始め、父の持ち物の整理にかなり苦労した経験から、「持ちすぎない暮らしは、子どもたちや将来の自分のためでもある」と老前整理を意識するように。

66歳を迎えた現在は、大きな家具の処分もほとんど完了しました。

収納方法をあれこれ工夫することは面倒だし、多すぎるモノは余計な執着を生んでしまうので、大雑把で何ものにも縛られたくない性分の私は、シンプルライフと相性がよかったようです。

50代・60代は、老後について真剣に考え始める時期。

この先の自分の暮らしをイメージした結果、私はモノよりも快適に過ごせる空間と自由な時間が欲しいのだ、と気づきました。

心身共に身軽な状態で老後を迎えるためにも、子どもたちに迷惑をかけないためにも、体力があるうちに少しずつ老前整理を始めてよかったと思います。

持ちすぎない暮らしを目指しているとはいえ、「持ち物を○個にしたい」という具体的な目標を持ったことも、何もない部屋で暮らしたいと思ったこともありません。

私の頭の中にあるのは、ただ「ストレスフリーにすっきり暮らしたい」「やりたいことが見つかった時、いつでも動けるように身軽でいたい」それだけです。

その想いが私を動かす原動力であり、一貫したテーマでもあります。

〝悩む前にまず行動〟をモットーに、自分なりのシンプルライフを楽しんでいきたいと思います。

2 60代のモノ選びは使いやすさが最優先

私のモノ選びの基準は、自分の好みに合っていて使いやすいこと。
若い頃はデザインばかり気にして選んでいましたが、いくら見た目が好みでも、使い勝手が悪いと結局使わなくなってしまうことに気づき、以前より機能性を重視して選ぶようになりました。

〈60代になって使わなくなったモノの例〉

- 手が届かない背の高い家具
- 自分で動かせない重い家具

・割れないか気を遣う高価な食器
・きっちりして動きにくい服
・足が痛くなるハイヒールの靴
・重くて硬い素材のバッグ

〈60代になって選ぶようになったモノの例〉

・ラクに手が届く背の低い家具
・自分で動かせる軽い家具
・割れたら気軽に買える食器
・伸縮性があって動きやすい服
・歩きやすいスニーカー
・軽くて持ちやすいバッグ

60代になってから新しく選んだモノや、老前整理を進める中で手元に残したモノは、身体的にも精神的にもストレスフリーで気楽に使えるモノばかり。

もちろん、見た目も使いやすさも文句なしのパーフェクトな一品を見つけられたらベストですが、そう簡単には出合えないと思うので、使いやすければ見た目は〝ほどほど好き〟で充分だと考えています。

100点満点にこだわりすぎると、時間もお金も労力もかかり、モノ選び自体がストレスになって疲れてしまいますから。

モノ選びは、使い勝手と見た目の比率を7対3くらいにして、使いやすさを最優先に考える。これが今の私にとって最適なバランスのようです。

ちなみに、買い物は現在使っているモノのアップデートが基本で、「あったら便利かも?」と思ってもすぐ買わずに家にあるモノを工夫して代用するなど、むやみに数を増やさないように気をつけています。

今あるモノを大事にしながら、より小さく、より軽く、より手入れがラクで、年齢

我が家のリビングダイニングです。背の低い家具で揃え、装飾を最小限にしているので、実際より広く感じられます。晴れた日は太陽の光であふれて心地いいです。奥のスツールの中は収納になっており、お気に入りの本が入っています。

を重ねても使いやすいモノにゆっくりアップデートしている最中です。

3 収納方法に悩んで無駄なエネルギーを消費しない

私は整頓が苦手なタイプではありませんが、ずっと疑問に思っていることがありました。

それは「こんなにたくさんのモノを本当に全部収納する必要があるのか」ということです。

貴重な時間と労力を使ってまで収納する価値があるモノ？

収納方法に悩むより、モノを減らした方がラクじゃない？

本当は不要なモノまで必要だと思い込んでいるだけかも？

こうして自問自答を繰り返していく中で、私は〝収納より大事なのはまずモノを整理すること〟だと実感しました。

世の中には便利な収納グッズや収納術が山ほどありますが、そもそも必要以上にモノを持たなければ、それらに頼りすぎなくてもすっきり収まることに気づいたのです。

カテゴリー別に細かく分ける、ひとつひとつ丁寧にラベリングする、パズルのように収納ケースを並べる、といった細かい作業が面倒くさいと感じてしまう私にとって、〝まずモノを見直して減らす〟という方法は大正解でした。

便利で美しい収納方法を考えることも素敵ですが、私はそのエネルギーを最小限にして自分の好きなことに使いたいのです。

変わっていく自分に必要なモノを残す

今は絶対に必要だと思っていても、数か月後には興味や執着が薄れてきて、「もう手放してもいいかな」という気持ちになるモノもきっと出てくると思います。

私は定期的に持ち物を見直していますが、「これは使う」と残したモノでも、何回か見直しているうちに「やっぱりいらない」と手放したことが何度もありました。

それは多分、自分が日々変わっているから。

数か月前と現在では、考え方も感じ方も少し違う自分になっている。年単位なら更に大きく変化しているでしょう。

新しい自分に必要だと思うモノを残すようにすれば、収納方法で頭を悩ませることも少なくなると思います。

モノを処分するか迷ってすぐに結論が出せない場合、〝保留ボックスを作って一定期間保管しておく〟という方法もありますが、私はその中に入れた時点でもう既に今の自分にとって不要なモノだと思うので、あえて保留ボックスは作っていません。

約12年前にリフォームしたキッチン。以前はシンクの上に吊り戸棚があったのですが、背の低い私には使い勝手が悪く、手を伸ばすと危険なので昇降式に変更しました。棚の左側は水きりラックになっており、来客時は棚を上げれば生活感をサッと隠せます。写真上は棚が上がっている状態、写真下は下がっている状態です。

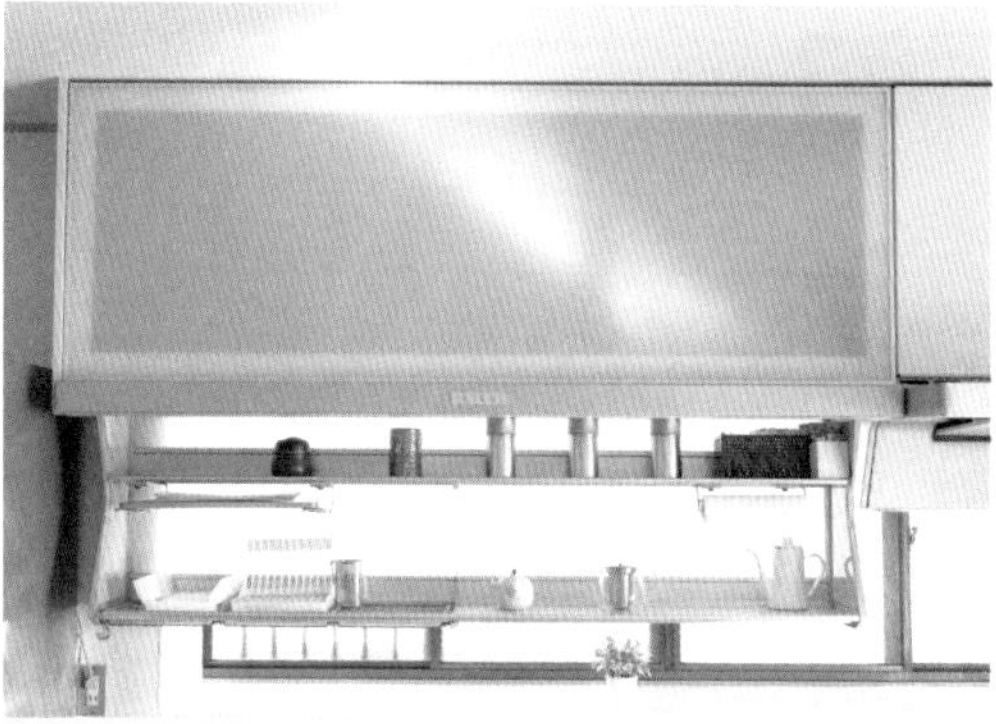

本当に必要なモノや大切なモノなら、きっと初めから保留ボックスに入れておこうとは思わないからです。

収納するスペースがあるからモノが増える

使っていないモノやそんなに気に入っていないモノでも、収納するスペースがあると「まだ収納に余裕があるから取っておこう」と考えがち。

しかし、そうやって手放す決断を先送りにしていると、必要なモノを選び抜く目が確実に衰えていきます。

本当に必要かどうか、自分に合うかどうかを判断できないから、買い物で失敗しやすくなり、不要なモノが増えても捨てられず、いつの間にか収納スペースがいっぱいになる。

そしてまた収納スペースを広げるために家具を買い足す……。

モノが増える悪循環から抜け出すには、収納スペースを意図的に減らすことが一番の近道だと思います。

入れるところがなければ、今持っているモノやこれから買おうとしているモノと真剣に向き合って、要不要を選択しなければならないからです。

家具や収納ケースが空っぽになったら、思いきって手放してみる。

私の場合、それを繰り返すうちに家の中がどんどんすっきりしていき、自分に必要なモノや相性のいいモノがわかるようになりました。この判断力は勉強やトレーニングと一緒で、少しずつ経験を積み重ねることで磨かれていくものだと思います。

いきなり大きな収納スペースを減らすことは難しいと思うので、最初は小さな引き出しひとつから始めてみるのがオススメです。

4 本当に捨てられないのはモノに姿を変えた執着

モノと向き合うことは自分と向き合うこと。
持ち物を見直しているうちに「本当に捨てられないのはモノではなく、モノに姿を変えた自分の不安や執着心なのかもしれない」と思うようになりました。

いつか必要になるかもしれないから、取っておこう。
まだ使えるのにもったいないから、取っておこう。
思い出の品を捨てるのは忍びないから、取っておこう。

片付けを始める前の私は、未来に不安を覚えて必要以上にモノをため込み、過去に執着して何年も使っていないモノを手放せずにいました。

例えば、食料品のストックを増やしすぎていつの間にか消費期限が過ぎてしまったり、サイズアウトしたブランド服をまた着るかもしれないと取っておいて、結局痩せないままタンスの肥やしにしてしまったり……。

もちろん緊急時の備蓄は必要ですし、今は使っていなくても自分にとって本当に大切なモノなら取っておいていいと思います。

しかし大抵の場合、〝いつか〟はなかなか来ないし、〝とりあえず〟持っているモノはなくても大丈夫だし、普段は存在すら忘れているモノを〝もったいない〟と手放せない気持ちは、愛着ではなく執着だと気づいたのです。

思い出の品についても、モノを手放したからといって、その当時の大切な記憶や感情まで消えてしまうわけではないとわかりました（なんでも処分するのではなく、形見の品など本当に大切にしたいモノは今後も手放す予定はありません）。

自分が本当に必要、または好きで持っているのか、それとも不安や執着心から持っているのか、モノを通して一度自分の気持ちとじっくり向き合ってみると、新たな気づきがあるかもしれません。

これはモノだけではなく、行動も同じです。

大して好きなことでもやりたいことでもないのに、「途中でやめるのが不安」「やめたらもったいない」と惰性で続けていることはありませんか？

私の場合、高額の英語教材を定期購入していたものの、内容があまり面白くなくて途中で飽きてしまったのに、「ここまで続けたのだから全巻揃えよう」と最後まで解約せず、結局きちんと勉強しないまま手放した経験があります。

あの頃の自分に「ここで潔くやめないと逆にもったいないよ」と伝えたいです。

人生の時間は有限なので、自分の好きなことを満喫するためには暮らしの無駄を省く必要があります。不要な物事を断ち切る潔さがあってこそ、自分にとって本当に必要な物事に集中できるのではないでしょうか。

5 自分にとっての当たり前は更新されていく

片付けを進めていく中で、「自分にとってそこにあるのが当たり前だと思っていたモノでも、なくしてみたら意外と快適になった」ということが何度もありました。

例えば、湿気がこもりやすい廊下の奥にある押し入れ。

換気のためにいつも扉を開けっぱなしにしていたのですが、ふと「あまり使っていないなら、なくても大丈夫かも」と思いつき、扉を取り外して白いシアーカーテンに替えました。

すると、扉がなくなったことで中のモノを取り出しやすくなり、じめじめした暗い雰囲気から開放的で明るい雰囲気になって、それが私にはとても心地よくて。
今までずっと「押し入れには扉が必要」だと思い込んでいましたが、こんなに快適ならもっと早く行動すればよかったです。

このように日常生活で小さなストレスを感じているものの、「これが一般的だから」「ずっとこうしてきたから」「今更やり方を変えるなんて面倒だから」と解決するのを後回しにしていることが実はたくさんあるのではないでしょうか。

快適な暮らしを手に入れたいなら、過去や世間の常識にとらわれずに、これまでの当たり前を柔軟に見直していくことが大事だと思います。

自分も暮らしも変わり続けているのだから、自分にとっての当たり前もどんどん更新されていくのがきっと自然なはず。

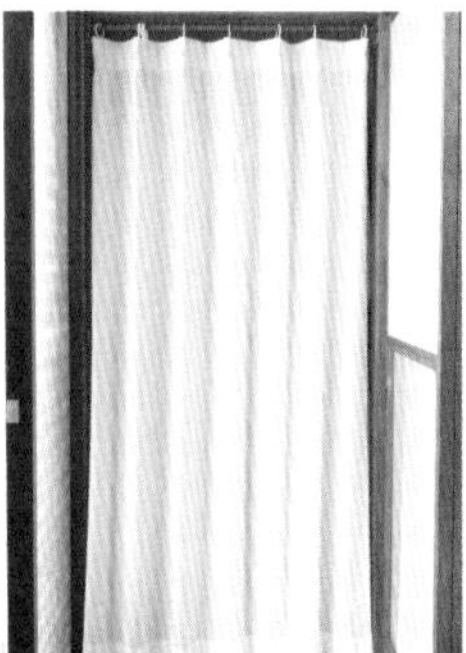

普段はカーテンを開けっぱなしにして風を通し、来客時はサッと閉めて目隠し。上段には息子や夫のアウターなど、下段には掃除機などを収納しています。

仏教に〝諸行無常〟という言葉があるように、永遠に変わらないものはないのかもしれません。

第2章

私が老前整理でやったこと

I 体力と気力があるうちに大きい家具を減らす

60代になってから、自分の体力の衰えを強く実感するようになりました。娘と一緒に家具を運んでいる時にあまり力が入らなくて、心配をかけてしまったことがあります。

これから70代・80代になったら、今よりもっと体力が落ちるはず。もしかしたら気力も衰えているかもしれない。

その前に自分で動かせない・処分できないモノはなるべく減らしておきたいと思い、大きくて重い家具を手放そうと決意しました。

老前整理で私が手放した大きい家具

・衣装タンス

衣装タンスを減らし、押し入れに市販のハンガーパイプを取りつけてクローゼット代わりにしています。

・嫁入り道具の桐のタンス

何年も着ていなかった着物と一緒に思いきって手放しました。上半分はテレビ台にリメイクし、息子の部屋で活躍しています。

・背の高い食器棚

結婚当初から使い続けている、背の高い食器棚を上下に分けて半分の高さにしました。それまでは上段にある食器が取りづらくて使わないまま眠らせてしまうこともありましたが、現在はすべての食器にラクラク手が届くようになり、使い勝手も使用頻度もアップしています。

●大きなダイニングテーブル

キッチンが狭く感じる原因になっていた、4人掛けの大きな長方形テーブルをコンパクトな円形テーブルに買い替えて、椅子を4脚から3脚に減らしました。軽いのに革と同等の強度があるペーパーコードの椅子は、60代の私でも片手で簡単に持ち上げられます。

●重い本棚

読書が好きな私。リビングにある本棚にたくさんの本を収納していましたが、「地震で頭の上に落ちてきたら怖いな」と思い、何度も読み返したくなるような本だけを厳選して、収納ボックスにもなるスツールに移しました。上にクッションを敷いてソファー代わりにしています。

・ＰＣデスク

デスクトップＰＣが古くなったタイミングで、リビングの一角を占拠していたＰＣデスクを一緒に処分しました。新しく購入したノートＰＣは薄くて軽く、キッチンでもリビングでもどこへでも持ち運んで作業ができるため、専用デスクは必要なさそうです。

部屋が広く見えるメリット、防災面のメリット

結果、ほとんどの家具が私の身長より背が低くなり、中身を空にすればひとりでも動かせるようになりました（持ち上げて運ぶ場合は家族で協力しています）。

大きな家具を減らすと視界が開けるので部屋が広く見えるし、防災面においても地震で家具が倒れてくる危険性や、高い所にあるモノを取ろうとして自分が転倒してしまう可能性を回避できるので、私にとっていいことずくめでした。

家具を処分したり、小さくリメイクしたりすることは正直に言って面倒ですが、その手間を今より体力が落ちている将来の自分に任せることは不安でしかありません。人生で〝今〟が一番若い時。大きな家具の処分を60代のうちに済ませておいてよかったと思っています。

2 カーテンとカーペットをやめて家事をラクに

我が家では、一部の窓はカーテンの代わりに目隠し用のガラスフィルムを貼っています。

カーテンをやめた理由は、分厚くて重いカーテンを洗うことも、それに伴う取りつけ・取り外し作業も、私にとってすべてが大変だったから。私は背が低いので、上を向いて作業し続けると首が痛くなってしまい、毎回つらかったのです。

家中の窓にカーテンを取りつけながら「人生であと何回こんなに手間のかかる作業をすればいいの?」とため息がこぼれ、当時ミニマリストの間で話題になっていたガラスフィルムの存在を思い出し、「もう苦労するのはおしまいにしよう」と勢いに任せてスマホで注文しました。

これがもう私にとっては大正解！

つらいと感じていた作業が全部なくなり、ストレスが激減しました。

Amazonや楽天市場で気軽に購入でき、有料で見本を取り寄せることも可能です。せっかちな私は一気にすべて取り替えてしまいましたが、まずは窓一枚分から試してみるのがいいと思います。

当初は娘に「ミニマリストみたいだね、寒くないの？」と驚かれましたが、冬は雨戸がありますし、意外と何とかなるものです。逆に雨戸がない場合は、カーテンなし生活に向いていないかもしれません。

その後、ブラインド掃除の手間に悩んでいた娘もガラスフィルムを貼り、満足している様子です。

ひとりでも簡単に貼れる目隠し用ガラスフィルム。剥がせるので賃貸でもOKです。天井が高いため、カーテンレールに重いカーテンを取りつけたり外したりする作業が大変でしたが、その手間がなくなりました。

「カーテンなしでは、外からの視線がどうしても気になる」と抵抗のある方は、ガラスフィルムに薄いレースカーテンをプラスするといいかもしれません。我が家でも、夫の部屋などで一時期そのパターンを採用していました。

レースカーテンだけなら、分厚いカーテンと比べて洗濯が少しラクになるはず。天気のよい日であれば、脱水したのち、窓にそのまま取りつけて風をあてるだけですぐに乾きます。

とはいえ、カーテンなし生活は万

人向けではないので、遮光性や冷暖房の効率をとるか、洗濯や取りつけ作業の手間をとるかは、自分の中の優先順位次第です。私の場合、デメリットよりメリットが上回ったので採用しました。

カーテンは定期的に洗わないとダニが発生するので、洗濯が大変なら思いきって手放すのもありかもしれません。

マットやカーペットもやめた

ちなみに埃の出やすいマットやカーペットもやめました。玄関、リビング、キッチン、トイレなど家中の敷物ほとんど全部です。バスマットは夫の希望により、他の洗濯物と一緒に洗えるタオル地タイプのものを使っています。

敷物があると、どうしても埃や繊維が出るので、毎日の掃除機がけを面倒に感じていました。わざわざ重い掃除機を出して、使って、しまうという手間が、掃除を億劫《おっくう》にさせている気がします。

敷物がなければフローリングワイパーで済むため、掃除機がけよりも手軽に短時間で終わるようになりました。

リビングは、冬のみ厚手のアルミ保温シートをこたつの下に敷いています。色がシルバーで少し派手に感じますが、こたつの中に隠れてしまうので使用中はほとんど気になりません。

3 カトラリーは最小限に、食器の色は揃える

以前はたくさんのカトラリーを持っていましたが、現在は来客用をほとんど手放して、家族の分だけの必要最小限に近い数になりました。

整理したきっかけは、長年使っていた銀製のカトラリーが重くて使うたびにストレスを感じるようになり、軽量タイプに総入れ替えしたことです。「年齢を重ねるにつれて、重い服やバッグが苦手になっていく」とよく言われますが、毎日使うカトラリーも同じかもしれません。

収納方法は、カトラリーが動かないように抗菌滑り止めシートを敷いて、その上にただ並べて置くだけ。数が少なければ、置くだけで整って見えるから不思議です。

また、浅い引き出しに収納することで、自分が何をいくつ持っているか一目でわか

るようにしています。

食器選びは色と使いやすさが決め手

食器の数は、近所で暮らす娘家族に料理のお裾分けをすることもあるので多めですが、色を白と藍色に統一しているので、すっきり見えると娘からも好評です。

私は食器が好きで、昔はウェッジウッドやロイヤルコペンハーゲンのティーカップをコレクションし、親から譲られた備前焼や伊万里焼、織部焼の器を長年大切に使っていました。

しかし、年齢を重ねるにつれて、手を滑らせて食器を割ってしまうことが増えたので、「もっと気軽に使えるものにしよう」と徐々に近所で購入できる食器に買い替えていき、現在はブランド名より色に惹かれて選ぶことが多いです。

結婚当初から使っている食器棚。高さがあったのですが、地震で転倒すると危ないため、上下に分けました。食器はここに収められる数だけにしています。

（上）食器棚の中で活躍している、100円ショップの収納ケース。奥にある食器もサッと取り出せます。（下）カトラリーはシステムキッチンの引き出しに収納。数が少ないので、何を持っているか一目瞭然です。

引き出物でいただいた自分の趣味と合わない食器は潔く手放し、本当に気に入っている食器、よく使っている食器だけを残しました。
70代になったら食器を洗うのも管理するのも更に大変になるので、これからもっと減らしていこうと思っています。

保存容器は、ｉｗａｋｉの耐熱ガラス製のものや、陶器または琺瑯《ほうろう》のものを愛用中です。私は酢の物をよく作るので、酸性の食品に強い素材の容器を使うようにしています。以前はプラスチック製の保存容器も持っていましたが、使っているうちに着色汚れやキズが目立ってきて、長期的な使用には向いていなかったので、古くなったタイミングで手放しました。耐熱ガラス製ならフタだけ取り替えればいいので、長く愛用できて無駄がありません。

収納は１００円グッズを活用して〝見える化〟

小皿、小鉢、グラスなどは100円ショップで購入したケースに入れて、奥にあってもサッと取り出せるように工夫しています。

使っていなければ持っていないのと一緒。このひと手間で、見えなかったり取りづらかったりする食器がなくなり、すべての食器をきちんと使えるようになりました。

100円ショップで収納グッズを買う時は、あらかじめ食器と棚のサイズを測ってスマホのメモ機能に記しておき、もしピッタリなものと出合えたら、まず試しに少数買ってみて、使い勝手がよさそうな場合は商品が入れ替わる前に必要な分だけまとめ買いしています。

しばらく使った後に「やっぱりしっくりこないな」と思ったら、他の場所で再利用できないか考えて、すぐに手放すことはしません。

買うよりも捨てる方が何倍も大変。具体的な用途や正しいサイズがはっきりしない状態で、お手頃価格だからと気軽にポンポン買わないように気をつけています。

4 炊飯器とトースターがなくても大丈夫だった

様々なモノを手放してきた我が家ですが、「炊飯器を処分した」と言ったときは、さすがに娘から「ないと不便じゃない？」と驚かれました。それが、意外とそうでもないのです。

手放したきっかけは、約10年使って調子が悪くなっていた炊飯器の買い替えを検討していた時に、たまたま引き出物でセラミック鍋をいただいたこと。

試しに鍋で炊いてみたら、初めての割にうまく炊けて「これなら新しい炊飯器を買わなくてもいいかも」と思い、炊飯器なし生活にチャレンジすることにしました。

以前から炊飯器の配線が気になっていたので、ちょうどいいタイミングだったのだと思います。

白米に押し麦を混ぜるのが我が家流。浸水さえしておけば、炊飯器よりも早く炊きあがります。

鍋での炊飯は炊飯器よりも片付けがラク

浸水さえしておけばあっという間に炊きあがるし、炊飯器よりも細かいパーツがなくて片付けがラクなので、私にはとても合っていました。それに何より、お米がふっくらもちっとして本当に美味しいのです。

ちなみに我が家では健康のため、白米に押し麦を混ぜて炊いています。玄米が苦手な夫や息子も、押し麦であればそこまで違和感なく食べられるようです。

鍋での炊飯は「火を消すためにその場で見ていないといけないから不便だ」とよく言われますが、私はその間にガスコンロの横でおかずの下準備をしているので、面倒に感じたことは特にありません。

タイマー機能や保温機能はありませんが、炊飯器なし生活は意外とチャレンジしやすいのではないかと思っています。

私の場合、鍋で試し炊きした後すぐに炊飯器を処分しましたが、もし心配な場合は自分のライフスタイルに合うかどうか、数週間くらい試してから処分した方が安心です。ご興味のある方は、炊飯器が壊れた時にでも一度試してみてください。

私は当分このままの予定ですが、更に年齢を重ねて火の消し忘れなどが心配になったら、再び炊飯器を使うことも検討しています。その時の自分に合わせて柔軟に対応したいです。

トースターの代わりに魚焼きグリル

また、炊飯器と同じ頃に古くなったトースターも処分しました。

手放したきっかけは、健康のためにできるだけグルテンフリーにしたいと考えていたことや、60代になって和食がますます好きになったこともあり、パンを食べる機会がだいぶ減ってきたからです。

現在は魚焼きグリルで、たまに食パンを焼いて食べる程度。慣れるまではコツがいりますが、サクッと焼けて美味しいです。

使い始める前は、魚の臭いがパンに移ってしまうのではないかと心配していましたが、きちんとグリルを洗っていれば特に気になりません。

焼く時のポイントは、パンを常温に戻すこと、できればあらかじめグリル内を温めておくこと、トースターよりも火力が強く短時間で焼きあがるため、目を離しすぎないように注意することです。

最近の魚焼きグリルには、トーストを自動で焼いてくれる機能がついている場合が多いので、もしあれば機械に頼ってしまいましょう。

世の中に便利な家電はたくさんありますが、自分の暮らしに本当に必要な機能は何か改めて考え直してみると、なくても困らない場合もあるかもしれません。

鍋類はキッチンの一番下の引き出しに収納。炊飯に使っているセラミック鍋は、写真右下のトーセラムの鍋です。

5 布団から折り畳みベッドに替えて負担を軽減

ずっと畳の上に布団を敷いていましたが、膝を痛めたことをきっかけに、畳からフローリングにDIYして、布団からベッドに替えました。

ベッドは立ち上がる動作の負担が少ないし、毎回布団を畳んで押し入れに収納する必要がないので、膝がだいぶラクになった気がします。

寝汗による湿気で寝具がじめじめしやすい問題も改善しました。

私が選んだのはキャスター付きの折り畳みベッド。ひとりでも動かせるため、窓際に運べば簡単に布団やマットレスを日光に当てることができます。

重い布団やマットレスをベランダまで運ぶ労力がいらないし、花粉の季節など頻繁に外で干せない時にも便利です。日光を当てている間に床掃除をすれば、障害物が少ないのでスムーズに終わります。将来を考えて、電動リクライニング機能がついているものを選んだこともポイントです。

スペースを有効活用したいのであれば、畳んで収納できる布団の方が優れていますが、我が家では寝室は寝室としてしか使わないので、体への負担や家事ストレスの軽減を優先しました。

ちなみにシーツは家族全員同じもので、人数分プラス1枚をローテーションしながら使っています。同じものを使うことで、洗い替えの枚数を最小限にすることが可能です。

マットレスは水で丸洗いできる、トゥルースリーパーの高反発タイプを選びました。低反発タイプと比べて体の沈み込みが少なく、寝返りしやすいので気に入っています。枕は同じメーカーの肩が凝りにくい『セブンスピロー』を愛用中です。私にとってはなかなか高価ですが、睡眠は健康の源。安眠のための投資は惜しみません。

（上）心地よく眠るために余計なモノは置かず、ごくシンプルなインテリアに。（下）フローリングにDIYしたタイミングで、純和風だった押し入れの襖も折れ戸にリフォーム。扉が左右に大きく開くので、中に収納しているモノがラクに取り出せるようになって快適です。

6 重い風呂のフタは軽いアルミ保温シートで代用

重いうえに、カビが発生しやすくて掃除が大変な風呂のフタ。こちらも思いきって手放しました。

浴室を約12年前にリフォームし、付属品である2枚板のフタを使用していたのですが、掃除の時に洗剤でうっかり手を滑らせて足の上に落としそうになり、ヒヤリとした経験があります。

また、2枚板の前に使用していたロール状に丸められるタイプのフタも、凸凹が多くて掃除が大変だったので、私には合いませんでした。

現在は厚さ約1・5㎝のアルミ保温シートを風呂のフタ代わりにしていますが、とても軽いし、メンテナンスは風呂上がりに干しておくだけなので掃除の手間がかかりません。

このアイデアは、ホームセンターでこたつの下に敷く厚手のアルミ保温シートを探していた時に「風呂のフタもこれで代用できそう」と思いついたものです。私はこたつ用に使って古くなったものを浴室用に回していますが、浴槽に浮かべるタイプの専用商品も販売されています。

保温機能は2〜3時間程度でしたら、特に問題は感じません。我が家はいつも温かいうちに家族全員の入浴が終わることが多いです。

ただ、耐久性に欠けるので定期的に新品と交換する必要があります。

万人向けではありませんが、両端の汚れやすい部分を少しずつカットしていけば長く使えるので、ご興味があればお試しください。

風呂掃除はついでにやる

ちなみに、風呂掃除はいつも入浴後に〝ついでにやる〟を習慣化しています。浴室が温まっていて汚れが落ちやすいため、掃除がラクです。

私は肌が荒れてしまうような強い洗剤をなるべく使いたくないので、100円グッズのブラシとトップバリュの『がんこな汚れを落とすシート』に、市販のボディソープをつけて掃除しています。皮脂汚れは大体これでキレイに落ちると思います。どうしても気になる汚れは、手袋を着けて専用洗剤で落とせばOKです。

掃除した後にタオルで水気をサッと拭き取っておけば、水垢やカビが発生しづらくなります。

また、我が家ではバスタオルを使っていません。フェイスタオルとハンドタオルがあれば充分です。スポンジなどを使わず、手で全身洗っています。

石鹸落ちコスメを使っているため、クレンジングは必要なし。体を洗うついでにボディソープを使って洗顔しています。

以前は髪もボディソープで洗っていましたが、現在はコンディショナー不要のクリームシャンプーに落ち着きました。

我が家の浴室に置いてあるアイテムは、ボディソープ、シャンプー、風呂桶、風呂椅子、掃除用具と必要最小限です。モノが少ないと見た目もすっきりするし、掃除もしやすいと感じています。

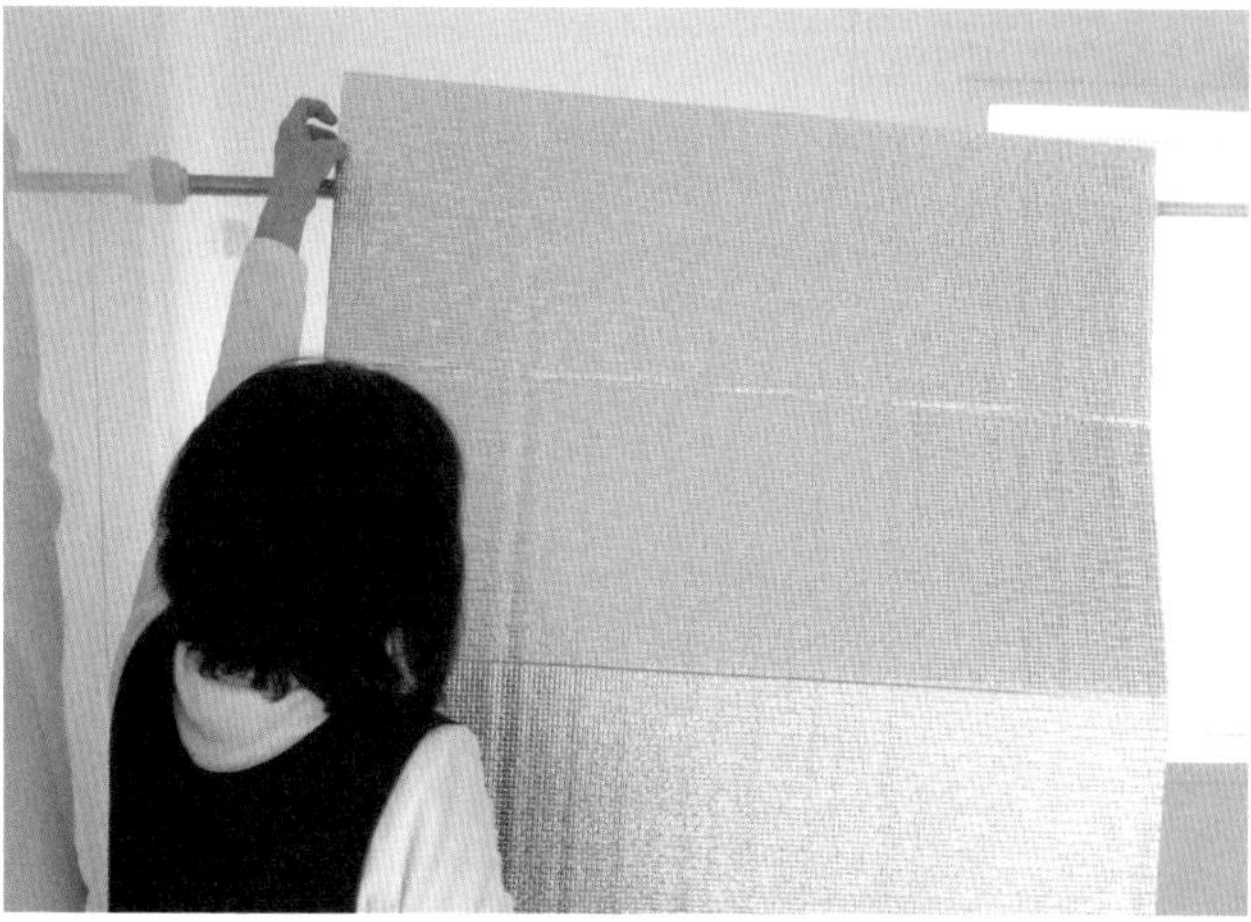

風呂のフタとして使っているアルミ保温シート。軽いのでラクに干せます。厚手で折り畳めるタイプがオススメです。

7 我が家がたどり着いた防災グッズ

シンプルに暮らしていても、防災グッズはしっかり準備しています。我が家の防災対策は主に在宅避難を前提としているため、決して一般的とはいえませんが、少しでもご参考になれば幸いです。

過去に家族人数分の防災リュックを購入したことがあるのですが、自分たちの好みではない非常食が入っていて消費期限が切れるまで放置してしまったり、我が家にとって本当に必要かどうかわからない防災グッズまで入っていたりして、非常時に備えることの大切さは理解しているものの、掃除するたびにその存在が邪魔だと感じるようになってしまいました（あくまで我が家には合わなかったという話です）。

それならば、型にはまらず「我が家に合った方法で対策しよう」と決意。非常食は長期保存できるものを最小限にして、メインは日常的に食べているものをローリングストックした方が食品ロスを抑えられるし、防災グッズはリュックやキャリーケースにひとまとめにして置いておくより、暮らしに馴染むように収納した方が合っていると気づきました。

では、我が家の具体的な防災対策をご紹介します。

非常食はサバ缶、アルファ米、5年保存できるパン、ミルクスティックを3か所に分けて保管。1か所にまとめてしまうと、地震などでそこが潰れてしまった場合、取り出せない恐れがあるためです。

他にも、ミネラルウォーター、ナッツや、おからパウダー、オートミールなどの乾物類をローリングストックしています。

(上)1階の和室に置いている非常食の一部。この他にもしっかり備蓄しています。(下)就寝時に災害が起きても対応できるように、寝室の押し入れの下段に置いているヘルメット、懐中電灯、履物。

防災グッズは、寝室にヘルメット、懐中電灯、履物を常備。

押し入れには非常用の簡易トイレセット、食器が洗えない時や骨折の応急処置に便利なラップ、下着が替えられない時やケガの止血にも使える生理用ナプキン、防寒用のアルミブランケット、トイレットペーパー、除菌ティッシュなどを保管しています。

駐車場にある物置には、停電や断水を想定して、発電機、炭と七輪、石油ストーブ、生活用水として使うためのペットボトルに入れた水道水を収納。

就寝中に災害が発生する恐れもあるので、寝間着はいかにもパジャマっぽい見た目のものを避けて、そのまま近所に出られるようなワンマイルウェアを着ています。下着もノンワイヤーで締めつけの少ない『ゆきねえブラキャミ』を24時間着用しているため、いざという時でも安心です。

また、建物自体への負担を減らすために重たい屋根瓦をやめて、軽量瓦やガルバリウム鋼板などの軽い素材に近々リフォームしようと検討しています。軽量瓦は台風に弱いイメージがありますが、軽くて耐震性に優れているうえに暴風に強い防災瓦もあるそうです。

今後は外出時に被災することを想定して、バッグの中に入れて持ち歩ける防災ポーチを準備しようと考えています。

家族構成も住んでいる地域も人それぞれ。防災グッズも日常生活の持ち物と同じように今の暮らしに合わせて適宜アップデートしたり、専門家の意見を取り入れたりしながら、自分なりに対策していけばいいのではないでしょうか。

8
思い出の欅の木をテーブルの天板に

約40年前、実家の庭に生えていた欅の木を伐採しました。大きくなりすぎて、隣家に迷惑をかけてしまう恐れがあったためです。

父はこの欅の木に強い思い入れがあり、どうにか形に残したいと家具や火鉢、墨つぼなどに加工し、そのうちのテーブル天板を私たち3姉弟に1枚ずつ分けてくれました。

父から受け取った時に、これが小さい頃からずっと庭にあった欅の木だと思うと感慨深くて、心が温かくなったことを覚えています。

私はそれを和室にあるローテーブルの天板として長年使っていましたが、60代になって膝を痛めてから畳に座ることが困難になり、使う機会がほとんどなくなってしま

欅の天板テーブルは私の憩いの場所。大切な思い出の品こそ日常に溶け込むように使いたい。

ったため、どこかで再利用できないか悩んでいました。

和室を掃除するたびに「思い出のあるモノを使わずに放置するのは何だか寂しいな」と感じて胸がチクチクしていたのです。

その後しばらくしてダイニングテーブルを買い替えた時、試しに欅の天板を上から載せてみたところ、サイズも雰囲気も意外としっくりきたので、このまま使うことにしました。

今では家の中で一番お気に入りの場所になり、そこで読書やコーヒーを楽しむひとときが、私にとって大切な時間になっています。

弟たちはそれぞれの仕事場で欅の天板を愛用しているようです。一本の欅の木を通して、父や私たち3姉弟が繋がっているように感じます。

9 築40年・一軒家のメンテナンス

私が住んでいるのは、もうすぐ築40年になる純和風建築の一軒家です。建築当時のままだと、60代の現在では使いにくい箇所が出てきたので、ベランダの段差をなくしてフラットにしたり、キッチンの吊り戸棚を昇降式に変更したり、プロの手を借りていろいろとリフォームしました。

お金はかかりましたが、便利さと安全性には代えられません。シニア世代は家事をもっとラクにするためにも身の安全のためにも、自分の年齢や体力に合わせて、住まいを定期的に見直すことが大事だと思います。

自分たちで行っているメンテナンスは、網戸や障子の張り替え、畳をフローリングに替えるＤＩＹ、家具のリメイク、高圧洗浄機を使った外壁洗浄、庭木の剪定や除草作業などです。

　仕上がりはそれなりですが、プロに頼むよりもずっとリーズナブルに抑えられます。これからも自分たちでできることは、なるべく自分たちでやっていきたいです。


　一軒家はマンションと比べて手間も維持費もかかるので、身軽に暮らすためには重荷になってしまう場合もあるかもしれません。

　それでも私が一軒家に住んでいる理由はふたつあります。ひとつは夫の趣味である盆栽を置くスペースが必要だから、もうひとつは窓から庭を眺めて四季を感じられる暮らしがしたかったからです。

　これから更に年齢を重ねたら、マンションや高齢者ケアホームに移り住む可能性もありますが、私も家族も今の家が好きなので、元気なうちは手入れをしながら住み続けたいと思っています。

我が家の庭には時々小さなお客様がやってきます。
盆栽に咲く花や鳥たちのさえずりで、
新しい季節の訪れを知る今の暮らしが好きです。

第3章

おしゃれ、美容、食事、健康

I 今の自分にとって心地いい服を着る

私の服選びは人から見ておしゃれに見えるかどうかよりも、〝着心地がいいか、手入れがしやすいか、自分の暮らしに合っているか〟を重視しています。

私が服に求めていること。それをもっとも体現しているのが、自宅で過ごす日の服装かもしれません。長袖カットソーとウエストゴムパンツの組み合わせに、上からエプロンを着けるスタイルが私の定番です。

これなら家事で服を汚さずに済むし、締めつけが少ないから一日中着ていても疲れません。手入れは洗濯機に放り込んで洗うだけ。気負いなく着られてラクです。

寒い冬でもフリースジャケットを重ね着すれば大丈夫なので、一年のほとんどをこの格好で過ごしていると思います。この姿が当たり前になりすぎて、うっかりエプロンを着けたまま外出してしまうことも。

決しておしゃれとは言えませんが、今の私の暮らしにピッタリ合った、まさにライフウェアです。

外出する日はもう少し自分なりにおしゃれしますが、服に求めていることは家着とほとんど一緒です。

春夏はスカート、秋冬はパンツ、と季節に応じて快適な服を選んでいます。着回しやすいベーシックカラーのシンプルな服が多く、アクセサリーやスカーフで印象を変えて楽しむのが好きです。

	トップス	ボトムス
春	薄手のセーター	フレアスカート （もしくはワンピース）
夏	半袖ブラウス または長袖カットソー	ジャンパースカート （もしくはワンピース）
秋	タートルネック カットソー	テーパードパンツ またはジャンパースカート
冬	タートルネック フリース	裏起毛パンツ またはジャンパースカート

アウターはジャケット、トレンチコート、マウンテンパーカー、ダウンコートの中から、TPOや気温に合わせて羽織っています。

私はファッションにあまりこだわりがなく、服は消耗品だと考えているので、普段着にはそれほどお金をかけていません。

娘と体型が似ているため、ときどきお下がりをもらうこともあります。服を買いに行く行為が面倒な私にとって手間が省けてありがたいし、意外と自分で選んだ服より気に入ることも多いです。

若い頃はデザイン重視できちんとした服を好んで着ていましたが、現在は機能性重視で家事のしやすい、カジュアルな服を着ることが多くなりました。硬い素材の服は長時間着ていると疲れてしまうし、手入れが面倒な服はだんだん着なくなってしまうため、着心地もメンテナンスもストレスフリーな服ばかり愛用しています。

（上）汗をかく季節は洗濯回数が増えるので、夏服は消耗品だと割りきってプチプラしか買いません。人に会う予定がある日はワンピースやセットアップが多いです。
（下）冬は首まわりを温めてくれるタートルネックかハイネックが定番。パンツと合わせたり、チュニックやジャンパースカートと重ねたり。

60代の服選びは、まず靴から

また、膝を痛めてからハイヒールをほとんど履けなくなってしまったので、スニーカーやフラットシューズと相性がいいことも、カジュアルな服を選ぶ理由のひとつです。

60代以降の服選びは〝まず履ける靴を選ぶことから始まる〟と言っても過言ではないかもしれません。

ちなみに、バッグは少し大きめのトートバッグやショルダーバッグを愛用中です。かさばりやすいアイテムなので、よく使うものだけ3〜4個に絞っています。

私がバッグに求める条件は、ある程度デザインが好みで、必要なモノを運べて、軽ければ軽いほどいい、という感じです。

重くて肩が凝るバッグはもう使いたくないし、若い頃に集めたブランド品は趣味と合わなくなってしまったので、全部まとめてリサイクルショップへ持っていきました。

ひとつのバッグとじっくり付き合うよりも、使い勝手のいいバッグを2〜3年で買い替えるスタイルが私には合っているようです。


アクセサリーは思い出の品とプチプラをミックスして楽しんでいます。ジュエリーデザイナーである亡き友人が作ってくれたパールの指輪や、夫から贈られたダイヤモンドの婚約指輪は、私にとってかけがえのない宝物です。

母の形見であるオパールの指輪は、娘の誕生石だったので譲りました。いずれ娘や孫が欲しいと言ってくれたら、両親がペアで身に着けていた腕時計やその他の貴金属も受け継いでいきたいと思っています。


私は自分の暮らしに合った服や小物を選ぶことで、出番の少ないアイテムがなくなり、冠婚葬祭用を除けば、ワードローブの稼働率が100％近くになりました。

逆にどんなに素敵な服を持っていても、暮らしに合っていなければタンスの肥やし

（上）アクセサリー類は出かける前に選ぶことが多いので、1階リビングダイニングの引き出しに収納。（下）靴箱の収納はゆとりを持って。たくさん履くスニーカーは、清潔感重視で定期的に買い替えています。

になるだけです。

流行に合わせて新しい服を毎シーズン買い揃えたり、いい歳だからと必ずしも高価な服を着たりする必要はなく、それよりも清潔感があって自分の体の調子やライフスタイルに合った、〝今の自分にとって心地いい服〟を着ることが大事だと思います。

2
〝服を1年間買わない〟を達成してわかったこと

あるミニマリストの方が「今持っているモノで暮らしてみよう」とおっしゃっていたことをきっかけに、〝服を1年間買わないチャレンジ〟をすることにしました。始める前は「どうしても困ったら買おう」と思っていましたが、いざ始めてみると自分でも驚くほど、〝どうしても困ること〟がなかったのです。

冬に暖かい服が欲しくなっても手持ちの服を重ね着すれば何とかなるし、夏は洗濯してもすぐに乾くので枚数が少なくても大丈夫でした。

服が足りなくて困るどころか、自分がよく着る服と着ない服がはっきりわかるようになり、逆に着ない服をたくさん処分したくらいです。チャレンジを始める前より、服の総数が3分の2近くに減りました。

よれや色褪せなど何らかのダメージを受けている服は、自治体の資源回収に出して処分。状態が良くても着用時にどこか違和感やストレスがある服は、リサイクルショップへ持ち込んで売却。

「フリマアプリを使って個人間で売買すると高値がつきやすい」という噂を耳にしましたが、せっかちな私は短期間で一気に片付く方法を選びました。

人の目を気にせず自分なりのおしゃれを

このチャレンジから私が学んだことは、毎日着たくなるような服は意外と少ないということです。

着用回数が多くなりそうな服かどうか、購入時にじっくり吟味するようになり、以前よりも失敗や無駄遣いが減ったと思います。

若い頃はまわりの目を気にして毎日違う服を着たり、流行のアイテムやブランド品を集めたり、自分のために服を選んでいるのか、それともまわりに流されているだけなのか、服に求めていることがだいぶ曖昧でした。

その後、人生経験を重ねて「自分が思っているほど他人は私の服装に興味がない」という結論に至り、60代の今は他人の目を気にするより、自分なりのおしゃれを楽しめたらいいなと思っています。私自身、ご近所の方が昨日着ていた服を思い出せと言われても、よっぽど普段と違う雰囲気でなければ覚えていませんから。

〝服を1年間買わないチャレンジ〟は、自分にとっての必要最小限を知るためのいい機会になると思います。

私の場合、汗をかいて着替えることもある夏は4〜5パターン、他の季節は3〜4パターンあれば充分だとわかり、「この枚数でも問題なくやっていける」という自信に繋がりました。

1階和室の押し入れをクローゼットとして活用。服が自立するように畳んで、収納ケースの中に入れても手持ち服が把握しやすいようにしています。

とはいえ、私はミニマリストを目指しているわけではないため、最小限にこだわらず、これからも気分や状況に応じて自由に服を増やしたり減らしたりしていくつもりです。

押し入れクローゼット内の収納方法

老前整理でほとんどの衣装タンスを処分したので、服はクローゼットにＤＩＹした押し入れに収納しています。

オンシーズンの服は上段のパイプハンガーにかけ、オフシーズンの服は下段の収納ケースに入れて保管。一部の押し入れは中板を外して、丈の長いワンピースやアウターも収納できるように工夫しています。

ハンガーにかけて収納している服は使い勝手がいいのですが、収納ケースの中に重ねている服は、引き出しを開けても何がどこに入っているのかわかりづらく、取り出しにくいことが悩みでした。

娘から「服が自立するように畳んで収納した方が取り出しやすいし、手持ち服を把握しやすくなるよ」と教えてもらい、実際にやってみたら確かに使いやすい。

面倒くさがりの私にはハンガー収納の方が合っていますが、便利なテクニックだなと思いました。

クローゼットを美しく整えるために、ハンガーを木製で揃えたり、グラデーションになるように服を色別に並べたりして、全体の統一感を大事にしていますが、忙しい時は適当になることも多いです（笑）。

自宅で洗える服やノーアイロンで着られる服が多いため、クリーニングへ出すのは礼服や夫のスーツくらい。ダウンコートも中性洗剤を使って、洗濯機のおしゃれ着洗いコースで洗っています。

3 食料品の買い方、献立の立て方

正直に言って、私は買い出しがあまり好きではありません。時間を取られるし、重たい荷物を運んで疲れるし、帰宅後に買ったものを整理しなくてはならないので、とにかく面倒くさい。

そのため、スーパーへの買い出しは昔から週1回しか行きません。幸いなことに、夫が出かけたついでに家族の食べたいものを買ってきてくれたり、家庭菜園で育てた野菜を採ってきてくれたりするので、それらと冷蔵庫に入っている食材をもとにその日の献立を決めています。

献立を一からじっくり考えることは私にとってストレスに繋がるため、適当にパパッと作るくらいが私の性に合っていてちょうどいいです。

（左）ゆずを皮ごとスライスして、ハチミツに漬けたもの。ヨーグルトにかけたり、ジャム代わりにしたり。（右）かぶと生姜の酢漬け。旬の野菜を酢漬けにして常備菜にしています。

スーパーで買うものは肉と魚がメイン。野菜はほぼ自給自足できており、夏は家庭菜園で収穫した、なす、きゅうり、ゴーヤ、すいか、冬は白菜、じゃがいも、さつまいも、小松菜、ほうれん草、ニラを食べています。庭に生えているゆずや実家からもらったみかんは、ご近所にお裾分けすることも。

野菜が大量に採れた場合は、常備菜に。例えば、白菜は漬物に、かぶは酢漬けに、ゆずはハチミツ漬けにしています。ブロッコリーはまとめてゆでてから保存容器に入れ、いろんな料理の副菜として活用。体の調子を整えてくれる野菜と果物は毎日しっかり食べたいので、常備菜を作っておくと忙しい時に便利です。

食生活においてシニアになって変わったことは、胃もたれしやすい唐揚げや天ぷら、中華料理などの油っこい料理を作る頻度が減ったこと。現在は和食中心のヘルシーな料理ばかりになりました。

肉はそんなに好きではありませんが、筋肉が衰えないように意識的に食べるようにしています。他にも納豆や豆腐などの大豆製品、卵料理からもタンパク質をコツコツ摂取。

50代までは夫と毎日晩酌していましたが、60代になってからはほとんど飲まず、代わりにごぼう茶やたんぽぽコーヒーを飲むようになりました。

お酒を飲みたい気分になった時は、リンゴ酢を炭酸水で割って飲んでいます。

4 美容と健康にいい食品を毎日食べる

毎日を健康的に過ごすために、食生活には特に気をつけています。

巷で健康にいいと言われている食品は、気になったらとりあえず一度試してみる。

そして味や価格などのバランスを考慮して、長く続けられそうであれば日常生活に取り入れるようにしています。

〈朝食でよく食べている食品〉

- ヨーグルト
- ホワイトチアシード

・ミックスナッツ
・豆乳とスキムミルクを入れたコーヒー

朝食は、ヨーグルトと大さじ2杯分のミックスナッツが定番です。私は胃腸が弱いので、胃に優しい『LG21乳酸菌入りヨーグルト』を選んでいます。ヨーグルトにはチアシードを入れて、不足しがちな亜鉛、鉄、食物繊維を摂取。たまに味のアクセントとして、ゆずのハチミツ漬けや冷凍ブルーベリーを加えることもあります。

コーヒーはカフェインレスを愛飲しており、コーヒーフレッシュの代わりに、低脂肪の豆乳やタンパク質とカルシウムが豊富なスキムミルクを入れることが多いです。

〈昼食でよく食べている食品〉

・サバ缶（水煮）

- ブロッコリー
- オートミールスープ
- 魚せんべい

サバ缶とブロッコリーには、甘酢に漬けたオニオンチップスにポン酢、リンゴ酢、えごま油を加えて作った、自家製ドレッシングをたっぷりかけて食べています。このドレッシングは万能だれとして肉野菜炒めなどにも使っており、いろんな料理と相性がよくて美味しいです。

オートミールは、市販のフリーズドライスープ（ミネストローネやたまごスープがオススメ）や味噌汁に入れて、飽きないように味を変えながら楽しんでいます。

魚せんべいは、食欲がなくてサバ缶を食べられそうにない時に代わりに食べています。ヘルシーかつカルシウムたっぷりで、骨密度を維持したいシニア世代にピッタリです。

〈夕食でよく食べている食品〉

- 刺し身、焼き魚、煮魚
- 納豆
- 季節の野菜の漬物、お浸し、ごまあえ
- 押し麦入りの白米
- 蒸したさつまいも
- 具だくさんの味噌汁

肉料理は夫婦揃ってほとんど食べず、主菜は魚料理が中心です。健康のために発酵食品をなるべく毎日食べたいと思っているので、納豆は欠かせません。漬物は家庭菜園で収穫した白菜やかぶ、ごまあえはほうれん草や春菊を使って作ることが多いです。

味噌汁には、大根、かぶ、人参、小松菜、豆腐、油揚げ、あさり、しじみなどの具材をたっぷり入れて、一杯で栄養をしっかり摂れるように工夫しています。

〈おやつでよく食べている食品〉

- 果物
- 高カカオチョコレート（カカオ85％）
- 自家製おからチーズケーキ
- ごぼう茶

おやつは基本的に体にいいものを選び、市販のお菓子はたまに食べる程度にしています。

甘いものが食べたくなった時は、リンゴ、バナナ、柑橘類などの果物を食べたり、ポリフェノールが摂取できる高カカオチョコレートを少しだけ口にしたり、小麦粉と砂糖を一切使わずに作った自家製おからチーズケーキを食べたりすることが多いです。

ごぼう茶はお通じのために家族全員で愛飲しています。ごぼうに含まれるサポニンには、体の免疫力を高めてくれる効果があるそうです。味や香りに少しクセがあるので、慣れるまではホットよりアイスの方が飲みやすいと思います。

これらの食品を積極的に食べるようになってから、私の場合は便秘が解消されたり、肌の調子がよくなったり、骨密度が上がったり、体重がほとんど変動しなくなったりしました。

人によって味の好みや体質は当然異なるので、実際にいろいろ試してみて自分に合う食品だけ取り入れればいいと思います。

私の場合、世間で健康にいいと言われている食品でも、カカオ95%のチョコレートはあまり美味しいと思えず、長続きしませんでした。無理せず、自分のできる範囲で健康的な食生活を続けていくのが一番だと思います。

5 メイクは簡素に、化粧品より皮膚科にお金をかける

60代になってから私はメイクにあまり興味がなくなり、できれば毎日すっぴんで過ごしたいと思うようになりました。

そのため、日常的に使っているコスメは3つしかありません。肌を紫外線から守る日焼け止めパウダーを顔全体にはたいて、アイブロウで眉毛を整え、唇の乾燥対策にリップクリームをひと塗りするだけ。約5分でメイクが終わります。

昔は一般的なファンデーションやアイシャドウを使っていたのですが、クレンジングで肌をこすってダメージを与えたくなかったので、最小限に絞りました。

ファンデーションをやめられたのは、美容皮膚科に通い始めたおかげかもしれませ

ん。

50代の頃、顔のシミやくすみが気になっていた私は、地方紙の広告で偶然発見した美容皮膚科に相談しました。そちらでフォトフェイシャルという光治療を勧められ、もう10年以上通っています。

最初の1年間は1か月に1回のペースでしたが、現在は3か月に1回で充分になったので、通院の手間はそんなに感じません。

費用については、今まで愛用していた高い基礎化粧品を全部やめて、浮いた分を回すようにしました。決して安くはありませんが、私の場合、どんな化粧品よりも効果を実感できたので満足しています。

人によっては、化粧品をあれこれ買い揃えるよりも美容費が抑えられるかもしれません。

私が現在使っている基礎化粧品は、ナイアシンアミドクリームとオリーブオイルだけ。スキンケアにかける時間も手間もだいぶ減ったのに、何種類も使ってしっかりお手入れしていた頃より肌の調子がいいです。

40代の頃はスキンケアやメイクを何もしない肌断食にチャレンジしたこともありましたが、年齢を重ねるにつれて乾燥小ジワが気になり始めたのでやめました。

スキンケアは過剰すぎても省略しすぎても、今の私の肌には合わないようです。美容皮膚科の力を借りながら、前述のシンプルスキンケアで毎日お手入れする方法が私にとってベストだと思います。

白髪染めは2週間に1回、自分で

ヘアスタイルは、ロングからショートまでいろいろ試してきましたが、ここ数年ですっかりボブに落ち着きました。

髪が短いと白髪染めがラクだし、ハリ・コシがなくなってしまった毛髪のダメージ具合がロングヘアよりも目立ちにくい気がするからです。ちなみに白髪は２週間に１

回のペースで、入浴時に自分で染めています。
全体のカットは半年に1回、美容院でプロにお任せ。前髪は長さが気になったら自分で切っています。

ヘアケアは、コンディショナー不要の泡立たないクリームシャンプーと、週に1回のスペシャルケアとして洗い流すタイプのトリートメントを愛用中です。湯シャンやボディソープを使った洗髪は、髪のパサつきが気になって私には合わなかったのでやめました。

肌断食をしたり、高い基礎化粧品を使ったり、自分に合った美容法を求めて何十年も試行錯誤していた私ですが、やっと自分なりの最適解にたどり着いた気がします。70代を迎えたら、また新たな美容法を取り入れるかもしれません。その時の自分の状態に合わせて、メイクもスキンケアもどんどんアップデートしていこうと思っています。

（上）ナイアシンアミドクリーム+美容オイルのシンプルスキンケアで、肌の調子がよくなりました。小豆島産の『ジ・オリーブオイル』がお気に入り。（下）コスメは最小限に。オルビスのアイブロウとサンスクリーンパウダー（日焼け止めパウダー）を愛用中。

6 筋トレは短時間勝負で長く続ける

どんなに忙しくても、健康維持のために週2〜3回の筋トレは欠かしません。

ジムに通っていたこともありますが、ここ数年はＨＩＩＴ（高強度インターバルトレーニング）と呼ばれる、短時間で高強度の運動を繰り返す筋トレを自宅で続けています。

自分の体力や年齢に合わせてメニューを選び、少し負荷がかかるくらいがベストだそうで、特別な運動器具は不要です。

私の筋トレメニュー

1 縦スクワット20秒（10秒休む）

2　横スクワット20秒（10秒休む）
3　腿上げ20秒（10秒休む）
4　昇降運動20秒（10秒休む）
※1〜4の流れを2セット繰り返す

このメニューを選んだ理由は、足腰をしっかり鍛えて、70代・80代になっても自分の足で元気に歩き回り、趣味の旅行にも気軽に出かけたいと思っているからです。60代の筋トレは、無理しない範囲で続けないと逆に体を壊しかねません。この方法なら1回4分で終わるので、ちょうどいいと思います（これはあくまで私の場合なので、ご自分に合ったメニューをお選びください）。

筋トレの他にも、お腹まわりの気になる脂肪を燃焼させるために、毎日昼食後に約40分間ウォーキングをしています。

きっかけは、先に始めていた娘に、「健康のために一緒に歩こう」と誘ってもらったこと。

最初は娘についていくだけで精いっぱいでしたが、今ではたまに追い越してしまう時もあるほど、キビキビと早足で歩けるようになりました。

いつまでも元気に過ごすためには、適度な運動や筋トレが必要不可欠です。YouTubeで「60代筋トレ」や「シニア筋トレ」と検索すれば、たくさん動画が出てくるので、ご興味のある方はぜひ検索してみてください。


筋トレや早足ウォーキングが難しい場合は、近所をのんびり散歩するだけでもいい運動になると思います。

道端に咲く花や鳥のさえずり、木々を渡る風の音など、季節ごとに変わる景色を楽しみながら歩くことで、心の中もリフレッシュ。お金を一切使わずに、軽めの運動と気分転換を同時に叶えられる、まさに一石二鳥な方法です。

車でサッと通り過ぎるだけではなかなか気づけない、身近なところにある幸せや喜びを味わうことができると思います。

第4章

思い出の手放し方と人間関係

I

子どもたちの思い出の品との別れ方

子どもたちが社会人になった後も、ランドセル、制服、作品など思い出の品をずっと保管していたのですが、収納スペースをかなり占めていたので、処分するか迷っていました。

本人たちにどうするか意思を確認したところ、「まだ残っていたとは知らなかった。今まで取っておいてくれてありがとう。でも今はもう必要ないかな」という返答が。「ずいぶんあっさりしているなぁ」と思ったものの、確かに成長した子どもたちがそれらを見返すことは一度もなかったと思います。

〝子どもたちのために〟取っておこうと考えていた私は、少し寂しい気持ちもしましたが、彼らにとっては既に役割を終えたモノであって、今必要なモノではなかったのです。

今後は子どもたちのためではなく、親である私が本当に大切にしたいモノだけを〝自分のために〟残しておこうと思い、一部を除いて全部手放すことにしました。

制服は譲渡会などへ出して処分し、絵、作文、彫刻などはスマホで撮影してデータを保存。

卒業アルバムや文集は本人たちに処分を任せました。最近は個人情報漏洩を防ぐために、機密文書を溶解処理してくれる業者もいるそうです。

ランドセルだけは子どもたちの小さい頃の面影がよぎって、なかなか手放す決断ができなかったのですが、デパートの子ども用品売り場でランドセルリメイクのことを偶然知り、その場で申し込みました。

手のひらサイズまでコンパクトになった完成品は、革や留め具はもちろん、小さなキズまで当時のまま残っていて感激。収納スペースの占拠率もぐっと下がりました。最近はAmazonや楽天市場など、ネットからでもランドセルリメイクのサービスに申し込むことができるようです。

ちなみに娘のひな人形は、本人の希望もあり、千葉県勝浦市の〝ビッグひな祭り実行委員会〟に寄贈しました（現在募集しているかどうかは、必ず勝浦市の公式サイトでご確認ください）。

息子の初節句の兜については、今後どうするか検討中です。

子どもたちの思い出の品は、まず本人たちにどうするか相談し、引き取ってもらうか、処分するか、残すか決める。最終的に手元に置いておくのは、親である自分が残しておきたいモノだけにして、それ以外は収納スペースではなく、記憶の中に大切にしまっておけばいいのかなと思います。

リメイクしたランドセルは、寝室のタンスの中にある〝思い出コーナー〟に、アルバムと一緒に飾っています。上段は孫、下段は娘と息子のランドセルです。

2 写真は各シーンでとびきりの一枚があればいい

数年前、何十冊もある思い出のアルバムを整理しました。

私が子どもだった頃からつい最近まで、自分や家族が写った何百枚もの写真を1枚ずつチェックしながら処分。

最初は「処分してもいいのかな」という戸惑いもあってスローペースだったのですが、だんだん慣れてきて一枚あたり数秒で要不要を判断できるようになり、1週間くらいで数十年分の思い出の整理が終わりました。

昔の写真は今のデジタルカメラのようにその場で写りの良しあしを確認できなかったので、表情がイマイチなものが多く、想像以上にハイペースで進んで自分でもビックリです。

最終的に各シーンでとびきりの一枚だけを残し、あとは全部手放しました。

私の場合、昔の写真を見返すことはほとんどないし、自分が亡くなった後に気に入らない写真が残るのは何だか嫌だなぁと思って。

手元に残すことにした写真は、タンスの中に思い出コーナーを作って、小さくリメイクした子どもたちのランドセルと一緒に保管しています。

各シーン一枚ではまだ量が多すぎるという方は、年間ベスト10枚にすると更に枚数を減らせて管理がラクになるかもしれません。

もしくは少し手間がかかりますが、写真をデジタル化してクラウドに保存する方法もあります。

私は最近スマホでしか撮影しないので、よく撮れている写真だけをデータのまま保存し、現像することはめったにありません。そのため、写真の収納スペースを心配する必要がなくなりました。

データが増えすぎないように、ときどきスマホの中のアルバムを見返して不要になった写真を削除しています。


写真の処分はとても大変な作業です。でも整理を後回しにしていると、それをいずれ誰かに代わってもらうことになります。

自分が持っている写真も捨てづらいのに、人が遺した写真はもっと捨てづらいと思うので、できれば自分で責任を持って整理したいところです。

自分の写真を〝全捨て〟しない方がいい理由

ただ、ご自分の写真を全部捨ててしまうのはやめた方がいいかもしれません。

私は年齢を重ねた自分の姿を撮られることに抵抗があって、最近の自分の写真や動画はまとめて処分してしまおうと思ったのですが、母が亡くなった時に「もっと母の姿や声を残しておきたかった」と後悔したことを思い出して、一部を残すことにしました。

写真は多すぎると残された家族に負担をかけてしまう可能性があるものの、家族が故人との思い出を懐かしむために、ある程度は残しておいた方がいいと思っています。

ちなみに、昔のビデオテープは友人がＤＶＤにダビングしてくれました。業者に依頼することもできるので、残しておきたいビデオテープの動画はＤＶＤに変換することをオススメします。

3 着物を整理して嫁入り道具のタンスを手放す

両親から贈られた着物や受け継いだ着物をいくつか持っていたのですが、ずっと着る機会がないまま放っていたので、このままでは着物が可哀想だと思い、業者に買い取ってもらうことにしました。

正絹の訪問着、総絞りの振り袖、大島紬などの着物や帯が数十点。着物の買い取りは「二束三文でがっかりする」と聞いていましたが、査定額が予想を大幅に下回ったので、噂どおりかなと思います（業者によると思いますが）。有名作家の作品は別として、着物の格や元の価格よりも〝どれだけ需要があるか〟で買い取り価格が決まる印象でした。先方も商売ですから仕方ありません。

母の形見として手元に残すことにした着物と帯。これ以外はすべて手放しました。

空になった桐のタンス。上半分はテレビ台にリメイクし、下半分はトラックで運んで処分してもらいました。

母が民謡の稽古でよく着ていた大島紬の着物と帯は、形見として手元に残しておき、喪服や紋付きなど買い取ってもらえなかった着物は、自治体の資源回収へ出しました。「何十万円もする着物をわずかなお金と引き換えに手放すなんてもったいない」と思われるかもしれませんが、着物を管理する大変さから解放され、自分が着ていない着物を誰かにまた着てもらえるならそれで充分です。

ずっと着ていなかったことに対する罪悪感がなくなり、心がすっきりしました。

着物を手放して空っぽになった桐のタンスは、上半分は息子の部屋のテレビ台にリメイクし、下半分は処分することに。

娘である私の幸せを願って、両親が贈ってくれた嫁入り道具。

結婚してから何十年も大切にしていたので、離れて暮らす父も天国にいる母も、手放すことをきっとわかってくれると思います。

4 〝モノを捨てられない夫〟との譲り合い

私の夫は、ミニマリストの正反対。生粋のマキシマリストです。

夫はとにかくモノを捨てられない性分で、私が手放そうとしたモノを「捨てるなんてもったいない」と言って、よく自分でリメイクして使っています。

家の中のモノの増減でいうと、減らしたようで減っていないということが多々あるわけです。でも夫婦仲は良好だと思います。それはお互いに干渉しすぎないようにしているから。

我が家の庭には、車庫を改造して作った夫の趣味小屋があります。外観はボロボロですが、扉を開ければそこは夫の〝好き〟が詰まった夢の秘密基地。多趣味な夫がコ

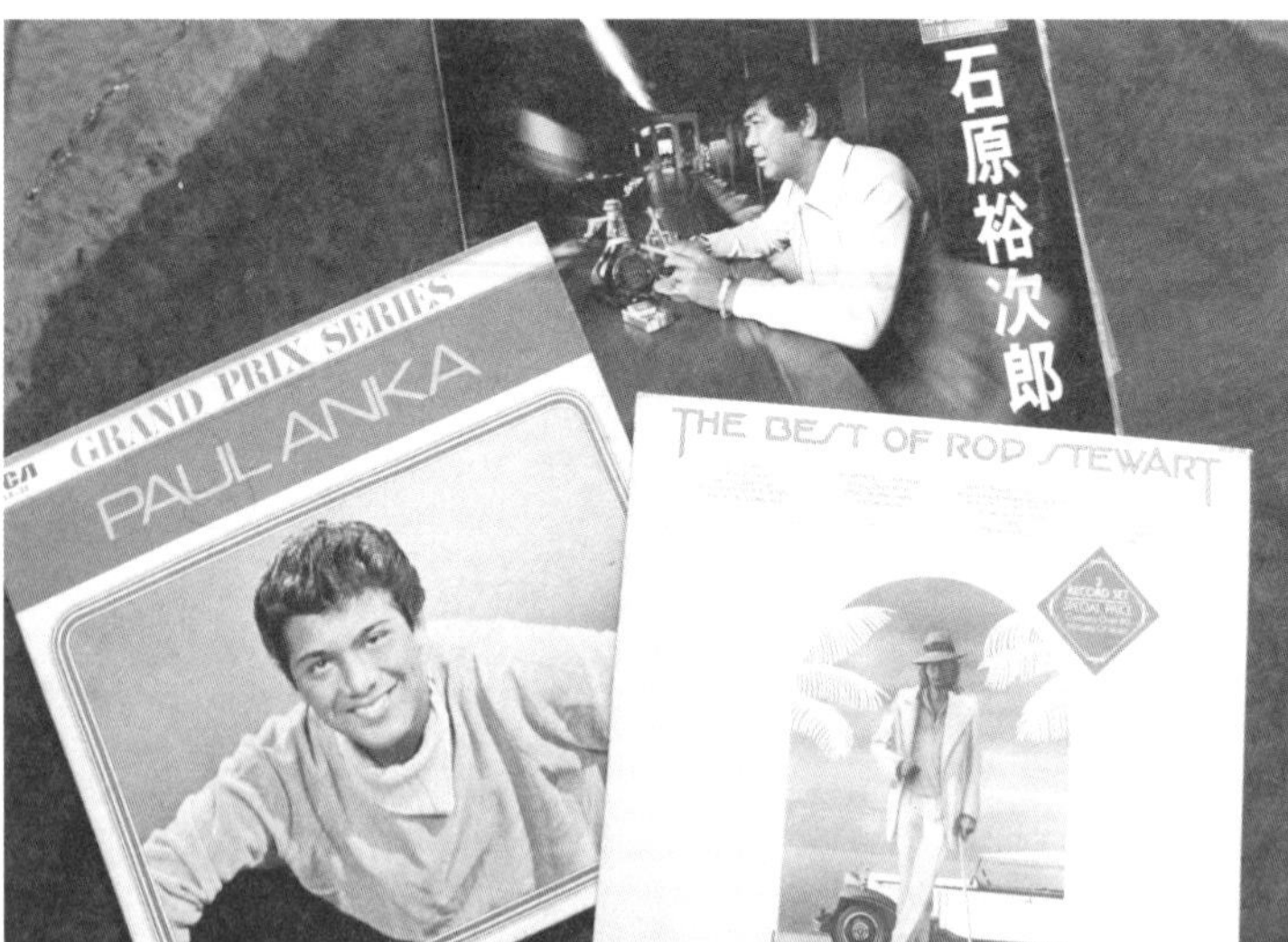

夫がコツコツと作り上げた〝秘密基地〟。コンロや調味料があり、簡単な料理もできます。お酒を飲んだり、趣味のレコードを聴いたり、自由に過ごしています。

ツコツ集めてきたモノたちが所狭しと並んでいます。

小屋で使っている家具は、母屋で使っていた家具をリメイクしたものばかり。低予算で工夫して心地いい空間を作り上げる、夫の発想力と技術力にいつも驚いています。

仕事がない日は、夕食の時間になるまでその小屋でのんびり過ごすことが夫の日常です。革の椅子にゆったり腰かけて演歌やアメリカンポップスのレコードを聴いたり、近所の友人を招いて一緒にテレビで競馬や相撲を観戦したり、スーパーで自分の好きな食材を買ってきて卓上コンロで料理したり、毎日とても楽しそうにしています。

夫の持ち物には干渉しない

夫は寂しがりやですが、束縛されることは苦手で、ひとりの時間や自由にできる場所が絶対に必要なタイプです。そのため、この小屋を〝夫の聖域〟として捉え、私は一切干渉しないようにしています。これは母屋にある夫の部屋も同じです。

どんなに片付けたくても、夫の持ち物には基本的に手を出しません。その代わり、リビングやキッチンなどは私の自由にしていいと夫婦間でルールを決めています。

小屋にあるモノより、夫が更に大切にしているのが、長年育ててきた盆栽たちです。正直に言って、若い頃は盆栽を手間のかかる存在だと感じ、もっと数を減らしてほしいと思っていました。幼い子どもたちの世話をしながら、夫に代わって一日何回も水やりをしなければならなかったり、家族で旅行するたびに誰かに世話を頼まなければならなかったりして、盆栽自体は好きだったものの、当時の私にはまだ愛でる余裕がなかったのです。

しかし子育てが落ち着いた今、窓から盆栽を眺めて季節の移ろいを感じるひとときが私にとって心の癒やしになりました。大変なこともありましたが、夫に無理を言って盆栽を減らしてもらわなくてよかったな、と思います。

ちなみに私たち夫婦のモノの持ち方について、子どもたちから何か言及されたことは特にありません。モノが多くても少なくても、人それぞれでいいと思っているのではないでしょうか。「2人とも充実していて楽しそうだね」とよく言われます。

私はマキシマリストの夫から、モノを通して得られる経験や思い出もたくさんあることを学びました。夫の想像力の豊かさも、モノを使うことで培われた才能なのかもしれないと思っています。

私としてはそろそろテレビを手放したいと思っているのですが、夫は時代劇や歌番組を観ることが好きなので、当分は難しそうです。でも、「それもまたいいか」と気楽に受け止めています。

5 「察してほしい」より、対話する

私が家族関係で大事にしていることは、〝対話〟と〝感謝〟です。

長年連れ添った夫婦や家族であっても、それぞれ違う個性を持った別の人間なので、「何も言わなくてもわかってくれるだろう」と思わない方がうまくいく気がします。

大人になるほど言いたいことを我慢してストレスをためてしまいがち。私は不満なことがあったら、心の中にためておかずにその都度相手と話し合うようにしています。

自分の気持ちも相手の気持ちも尊重するためには、まず対話を尽くしてお互いへの理解を深めることが大事だと考えているからです。

また、相手に何かしてもらったら「ありがとう」と感謝の気持ちを必ず言葉で伝えるようにしています。態度で表現するよりも、言葉で伝えた方がストレートで確実です。

相手に頼み事をする場合も「それくらいわかるはず」と決めつけないで、なるべくわかりやすいように具体的に伝えることを心がけています。


今でこそ飲み会にほとんど行かなくなった夫ですが、60代までは週に3回くらい近所の居酒屋へ出かけていました。

特に若い頃は毎日夜遅くまで外出していて、私は当たり前のようにワンオペ育児。先天性心疾患のある息子を病院へ連れていく時は、いつも母に娘を預かってもらっていました。68歳で早逝した母には心から感謝しています。

言葉で伝えることの大切さ

そんな慌ただしい日々を送る中で、ある日、決定的な出来事が起こりました。飲み会から帰宅した夫が自宅の鍵を忘れたことに気づいて、深夜にインターホンを鳴らし続け、私がヘトヘトになりながらようやく寝かしつけた子どもたちを起こしてしまったのです。

しかも、私が玄関の鍵を開けるまで待てなかったのか、早く開けろと言わんばかりに庭の砂利石を雨戸にぶつけてきて、さすがに堪忍袋の緒が切れました。

翌朝になってから夫と話し合い、今後は必ず鍵を持って出かけることや、なるべく夜0時までに帰宅することを約束。それと同時に、夫にもゴミ出しや子どものおむつ交換をやってもらうことにしました。

私から夫に「○○を手伝ってほしい」と具体的に言葉で伝えたのは、この時が初めて。

それまでは「いつか夫も気づいて協力してくれるはず」と不満をぐっとのみ込んで、ただひたすら我慢していたのです。相手に伝えなければ、いつまで経っても気づいてもらえないかもしれないのに。

自分の気持ちを伝えたら、夫は割とあっさり手伝ってくれました。漠然とした表現ではなく、やってほしい家事の内容まで具体的に伝えたことがよかったようです。

この出来事をきっかけに、私は困っていることを我慢せず夫に伝えるようになり、今では急なお願いも「仕方ないな」と渋々ながらも対応してくれるようになりました。本に書けないような夫婦喧嘩も今までたくさんしてきましたが、夫にはいつも本当に感謝しています。

夫婦も他者同士。わかり合えなくても認め合う

40年以上の結婚生活を通して身に沁みて実感したのは、自分から何も行動せずに相手から満足のいく反応を得られると思わないこと。

夫婦も他者であることを理解して、完全にはわかり合えない前提で話し合い、お互いを認め合うことが大事だと思います。

夫に対しては諦めていることも多いですが、それはきっとお互いさま。まだ解決できる余地がある問題は、面倒くさがらずに自分たちの意見をぶつけ合うようにしています。

例えば、洋式トイレで立って用を足さないでほしい、くしゃみをする時は手やハンカチで口を覆ってほしい、食事中にゲップをしないでほしい、見栄を張って話を盛りすぎないでほしいなど、日常生活の中での些細な、でも気になる夫の行動。「どうせ言っても変わらないだろう」と諦めつつも、不満だと思っている気持ちを正直に夫へぶつけています。その結果、ほんの一部は改善しました。

もちろん、夫も私に対して不満に思っていることや諦めていることはたくさんあるでしょう。

思い立ったらすぐにやらないと気が済まない、私のせっかちな行動に、「俺が反対しても結局やるだろう」と夫が呆れていることも知っています。相手に求めてばかりではなく、私も気をつけなくてはと反省。

お互いにすべての不満点を改善することは難しいですが、これからも根気よく話し合っていきたいです。

6 60代からの友だち付き合い

私の友人は片手で数えられるくらい少ないですが、全員が幼少期や学生時代から続いている長い付き合いばかりです。

独身の頃は、一緒に旅行や観劇をしたり、都内のレストランを食べ歩いたり、お互いの家でくつろいだりして、楽しい時間を過ごしていました。友人たちとの思い出はどれも私の大切な宝物です。

私と友人たちは結婚や出産した年齢が全員バラバラなので、子育てや仕事が一段落つく時期にズレがあり、家族ぐるみの付き合いは叶いませんでしたが、それでも忘年会シーズンだけは毎年必ず集まってお互いの近況などを話し合っていました。

60代になってからは、みんなそれぞれ親の介護や家族の看病、孫の世話などで忙しく、残念ながら年に一度の集まりもだんだん難しくなっています。

今はたまたまそういう時期なのでしょう。あまり会えなくなっても、年賀状やSNSでやりとりをしたり、たまに電話でゆっくり長話をしたり、友人たちとの絆が消えることはありません。


きっとお互いの生活が落ち着いたら、また集まりも復活すると思います。数年ぶりに会ってもそのブランクを感じないような、信頼し合えて安心できる友人関係が私にはとても心地いいです。

それがきっと本当の友人なのではないかと私は考えています。

私に友人が少ないのは、今の友人たちを大切にしたいと考えているから。

私の子どもがまだ小さい頃に大きな手術を受けると決まった際、仕事があるにもかかわらず友人が病院に駆けつけてくれて、不安で仕方なかった私を8時間近くずっとそばで励まし続けてくれました。

知り合いはたくさんいても、こんなに親身になってくれる人や深い信頼関係を築ける人とはなかなか出逢えません。

この絆を大切にしたい、もし友人たちに何かあれば私も力になりたいと心から思っています。

これからも50年来の友人たちを大切にしながら、ひとりの時間も楽しんでいきたいです。

7 大変だった実家の片付け

私たち夫婦は長男長女で、夫は「両親の面倒は長子が見るもの」という価値観で育った人です。

結婚してすぐに義理の両親との同居がスタート。義母は長年の人工透析の末、54歳で早逝し、義父は89歳で他界するまで私たち夫婦が生活面の支援をしてきました。

私の母は68歳で他界し、現在は89歳になる父の介護と通院を手伝っています。

父は脳梗塞を患ったことがあり、認知症の症状も見られるので、医師からサポート体制が整っている高齢者ケアホームへの入居を勧められました。

週に1回は父と一緒に食事をしたり、たまに旅行へ連れていったりしています。今後父がひとり暮らしをすることは難しいので、私は実家を掃除するついでに、父にとって不要なモノを少しずつ片付けることにしました。

もっとも大変だったのが、服の整理です。父は昔からおしゃれが大好きで、家中の収納を埋め尽くすほどの大量の服を持っていました。値札が付いたままの新しい服もたくさんあり、どれがこれからも着る服で、どれがもう着ない服なのか、私には見分けがつかず、要不要の仕分けにとても苦労したことを覚えています。

父を施設から実家へ連れていくたびに、「この衣装タンスに入っている服はもう処分しても大丈夫？」と本人に確認しながら片付けを進めていきました。父は「そんな服あったか？」と自分が持っている服の存在を忘れていることが多く、手放す時もあっさり。長年しまい込んでいた服たちに、あまり執着はないように見えました。

父は服を着ることも好きですが、買って眺めているだけでも満足できるタイプなのかもしれません。

結局、今でも父がよく着ている服はお気に入りの十数枚だけ。枚数が少なくなったことで服を選びやすくなり、施設のスタッフの方によると、毎朝自分でコーディネートを決めておしゃれを楽しんでいるそうです。それがリハビリにも役立っているとか。「おしゃれが好きな人でも本当に好きな服が少しあれば充分なんだな」と改めて実感しました。

服の次に片付けが大変だったのは、引き出物です。父は社交的で友人も親戚も多く、結婚式に参列する機会が頻繁にあり、引き出物として食器や置物をよくいただいて帰ってきました。それを日常生活で使えば問題ないのですが、「キレイだから来客用に取っておこう」と箱に入れたまま保管し、そのうち本人も存在を忘れてしまうということが多々あったのです。

積み上げられて埃をかぶっている引き出物の中で、使えそうなモノは実家の食器棚に入っている普段使いの食器と入れ替えて、それ以外は長男である弟に任せました。引き出物を整理しながら、「もっと早く箱から出していれば使う機会もいっぱいあったのに」と少し残念に感じたものです。もったいないと使わずに眠らせておくことが結局一番もったいないと思います。

他にも、日用品や備蓄品を必要最小限まで減らしました。キッチンにあるフライパンや鍋など同じ用途のモノはひとつに絞り、来客用の食器はほとんど処分。引き出しにたくさん入っていた消費期限切れの缶詰、乾物、瓶詰の調味料も全部捨てました。

古い百科事典がびっしり並んでいた背の高い本棚は、親戚がもらい受けたのですが、中身はそのまま山積みになって床に置きっぱなしなので、一時帰宅した父がつまずいたり転んだりしないように、今後はそれを処分していこうと思っています。

本格的に実家の片付けを始めて約5年。安全で快適な、父が少しでも安らげる家にしたいという気持ちで今まで頑張ってきました。

多くのモノを処分していく中で、父の思い入れの強いモノはきちんと残しておきたいと思い、父が自分で彫った火鉢や墨つぼ、大好きだった囲碁の碁石や卓上碁盤、畑仕事をしていた時に着ていた作業着、若かりし頃の父と母のツーショット写真や家族写真などは大切に飾ってあります。

私は実家の片付けを通して、これから先の自分の暮らしに活かせそうなことをいろいろと学びました。

もっとも教訓になったのは、自分が経験した片付けの苦労を子どもたちにはさせたくないということです。

将来の自分が快適に暮らすためにも、子どもたちに負担をかけないためにも、老前整理を進めていこうと決心したきっかけとなりました。

父の建築へのこだわりが詰まった実家。現在は手の込んだ細工のできる職人さんが少なくなっており、再現が難しくなっています。

8 「墓じまい」をどうするか

夫の家のお墓は義母が他界した後に義父が購入したもので、私の家のお墓は先祖代々受け継がれてきたものです。

私自身はお墓や葬式にこだわりがなく、葬儀は家族葬でいいし、お墓ではなく樹木葬や海洋散骨でも構わないと考えていますが、亡くなった義父にお墓のことを頼まれていることもあり、自分の代で墓じまいをすることは考えていません。

ただ、子どもたちにあまり負担をかけたくないと思っているので、お墓を管理しやすいように今の場所からもっと近所へ移すことも検討しています。しかし、それも宗派や金銭的な問題、檀家の付き合い、夫の兄弟との話し合いなど、いろいろな問題が山積みで、正直に言っていつ実現できるかわかりません。子どもたちには「将来的に墓じまいをして共同墓地に移してくれても構わない」と伝えています。

できれば墓じまいの負担を次の世代に引き継がせたくないのですが、葬儀やお墓の問題は自分ひとりの考えでは決めることができないため、非常に難しい問題です。ちなみに夫は「自分が亡くなったら一般葬をしてお墓に埋葬してほしい」という意見で、墓じまいには賛成していません。

あとは仏壇の問題もあります。我が家には義実家から受け継いだ立派な仏壇があるのですが、一部屋分のスペースを使うほど大きく、掃除も大変なので、子どもたちに引き継ぐ時はもっとコンパクトな仏壇に替えられないか悩んでいるところです。

これらの課題については、今後も夫や子どもたちとしっかり話し合っていきたいと思います。

9 子どもたちとの距離感

私には2人の子どもがいます。

もうすぐ40歳になる長女は、婿養子をもらって子宝にも恵まれました。近所に住んでいるので、たまに孫が遊びに来たり、娘家族と一緒に食事をしたり、3世代で旅行したりして、楽しくやっています。

子どもというより友人のような娘

私にとって娘は子どもというより、友人のような存在です。小さい頃からしっかり者で、大人になった今では私の良き相談相手になってくれています。

娘婿はさっぱりしているところが私と似ていて、前向きな彼の言動に勇気をもらうことも多いです。娘婿だけで我が家にやってくることもあり、お互いに気を遣いすぎない関係が築けていると思います。

子どもとの付き合い方で私が特に気をつけていることは、娘家族の問題になるべく口を挟まないこと。夫婦のことはもちろん、孫の教育方針などにも余計なアドバイスはしません。

親が関与しすぎると問題が大きくなってしまう恐れがあるし、外野があああだこうだ言っても結局なるようにしかならないので、夫婦のことは夫婦に任せればいいと思っています。

娘夫婦は、世間で言う男女の役割が逆転しているように感じることもありますが、それで２人がうまくいっているのであれば何も言うことはありません。

「得意な方がやればいい」と話す娘夫婦の考え方に触れて、自分の固定観念が覆った気がします。

孫の世話など協力できるところはしっかりサポートして、放っておいた方がいいところは放っておく。私には私の、子どもには子どもの人生がありますから。

娘家族とはこれからもつかず離れずの適度な距離感を保っていきたいと思います。

生まれつき心臓疾患のある息子

私たち夫婦と一緒に暮らしている長男には、先天性心疾患があります。幸い大学病院で出産したため、すぐに小児集中治療室に運ばれて一命を取り留めました。娘と同じ小さな産院で産んでいたら、息子は恐らく助からなかったでしょう。

2歳で人工心肺を使った手術を受け、その後30年以上にわたって経過観察のための通院を続けています。

小学校就学前に軽度の知的障がいが判明。職業訓練校を経て、障がい者枠の正社員として小売業に従事し、今年で丸17年になりました。

息子がこうして元気で暮らしているのは、たくさんの皆さんのご尽力のおかげです。私も将来役立つようにと勉強や簿記を教えて、自分なりに息子を支えてきました。


私たち夫婦が年老いた先のことを考えると、息子をいずれグループホームに入居させることがベストな選択だと思っていたのですが、家族で話し合った結果、「今の家で暮らしたい」という本人の強い希望を尊重して、ひとり暮らしができるように応援していく予定です。

今まで私たち夫婦は、病弱な息子のことを「ただ生きていてくれるだけで充分だ」とつい甘やかしてきましたが、「弟も基本的な家事くらいはできるようになった方がいい」と娘が息子に皿洗いや包丁の使い方、洗濯物の干し方や畳み方などの簡単な家事を教えてくれました。

息子も自立するための生活力を身につけようと一生懸命頑張っています。

家庭の事情で、娘には小さい頃から寂しい思いをさせてきました。理由はわかっていても、きっとつらいことがたくさんあったでしょう。息子も大変な困難を何度も乗り越えて、本当に立派だと思います。

子どもたちのために親として自分ができることは何か、今後もじっくり考えていきたいです。

第5章

心豊かに
すっきり暮らす

I やりたいことはすぐにやる

私は自分が「やってみたい!」と思ったことを何でもすぐにやらなければ気が済まないタイプで、要するにせっかちです(笑)。

頭の中に思い浮かんだアイデアを形にしないまま放っておくと、いつまでも頭の片隅がモヤモヤして落ち着かないので、思い立ったら即行動しています。

例えば押し入れのクローゼット化。

やってみたいと思ったその日のうちにDIYの材料を買いに行き、夫に手伝ってもらいながら一日で完成させて、娘に「いつの間にやったの?」と驚かれました。

私の場合、思いついた時がやる気のピークで、時間をあけると「現状のままでもいいか」と行動することが億劫になってしまう傾向があります。

それに、自分のやりたいことを先送りにしても、結局後から「もっと早くやっておけばよかった」と悔やむことが多くて。

私にとって〝悩む前にまず行動〟がもっとも効率よく動けるようです。

他の章でもお伝えしましたが、人生の時間は有限。

特にシニア世代で自分のやりたいことをいつまでも後回しにしていたら、あっという間に体力と気力が衰えてしまい、達成できないまま終わってしまう可能性があります。

60代は自分の問題だけではなく、親の介護などが始まって自由な時間が少なくなる年齢なので、チャンスを逃したら次はいつ巡ってくるかわかりません。

行動できる瞬間を見計らって、何事もできるうちにサクッとやるのがベストだと思います。

「忙しくて時間がない」「自分には難しそう」と思っていても、実際にやってみたら意外とすんなりできた、という経験が私にはたくさんありました。

2 すぐ買わずに、家にあるモノで工夫してみる

「○○があったら便利なのに」と思っても、すぐに新しいモノを買い足さず、今持っているモノで工夫するようにしています。

ある日、片付けをしていたらフタ付きのファイルボックスが空っぽになったので、それを材料にしてパソコンやプリンターの電源コードを収納するケーブルボックスを作ることにしました。

コードがむき出しになっていると見た目がすっきりしないし、埃がたまりやすくて掃除も大変だったからです。

作るといっても、ファイルボックスに彫刻刀を使ってコードを通す穴をあけ、底の

四隅に100円ショップのキャスターを貼りつけただけの簡単な作業です。約30分で理想どおりのケーブルボックスが完成しました。

同じシリーズのフタをすれば、コードのごちゃつき感をキレイに隠して、埃からしっかりガードできます。底にキャスターをつけて可動式にしたので、掃除もラクです。

他には長年使っていたリネンのシーツを枕カバーにしたり、嫁入り道具の桐のタンスをテレビ台にリメイクしたり、家にあるモノを活かすことを楽しんでいます。

買った方が早くてラクだと思いますが、余計なモノを増やさず、不要になったモノをゴミにしなくて済むので、私にとっては一石二鳥の方法なのです。また、結果的に家計費の節約にもなっています。

日々の暮らしの中で不便やストレスを感じたら、「どうすれば改善できるか？」「今あるモノで何とかできないか？」と考える。

アイデアとやる気次第で、モノを増やさなくても解決できることはたくさんあると思います。

最初は面倒くさいと感じても、自分でやってみたら案外面白いかもしれません。知恵を絞って工夫することは、暮らしを豊かにすること、人生を楽しむことに繋がるのではないでしょうか。

3 季節感は花や植物から感じる

子どもたちが小さい頃は、季節やイベントに応じたインテリア小物を玄関やリビングに飾っていました。

ひな人形、ハロウィンのかぼちゃ、クリスマスツリー、誕生日会のペーパーチェーンなど、子どもたちの成長を祝いながら、家族みんなで一緒に飾りつけを楽しんでいたのはいい思い出です。

しかし、小物は埃がたまりやすくて掃除が大変だし、収納しておくスペースも必要になるので、現在はほとんど持っていません。

我が家の玄関は夫の趣味である盆栽の展示場所となっており、庭で育てている盆栽の中から季節に合ったものを夫が選んで飾っています。

盆栽以外にも、桜や梅などの枝ものを花器に生けることも。盆栽の鉢と同様に、花器も花に合わせて夫が選んでいます。

個人的には小物をあれこれ飾るよりも、花や植物を飾る方が季節感を味わえるし、生命の活力を感じられるので好きです。

盆栽は生きたアート

我が家の盆栽は、夫が何十年も大切に育ててきたものばかり。

コンパクトながらその存在感は素晴らしく、小さな樹姿から大木を思い描いたり、寄せ植えから森林を連想したり、まるで大自然と繋がっているような感覚に浸ることができます。

盆栽は植物であり、生きたアートでもある存在です。

夫によると、盆栽の醍醐味は「小さな鉢の中に大自然を表現できるところ」「わびさびを感じられるところ」だそうです。

樹齢が私たちの年齢を遥かに超えている盆栽もあって、今手元にある盆栽たちも、いつか次の所有者へ繋ぐまでの預かりものだと考えています。その点も美術品に近いかもしれません。

盆栽は手入れが大変ですが、枝ものはそんなに手間がかからないので、どなたでもチャレンジしやすいと思います。気になる方は、園芸店などで相談してみてください。

4 他人からどう思われるかより、自分がどうしたいか

私は人から見て〝映えること〟にあまり興味がありません。

ただ自分の好きなように暮らしているだけなので、人様にお見せするほどの特別な暮らしではないと思っています。

今回、不思議なご縁で書籍出版のお話をいただいた時も「私のような平凡な主婦の暮らしを本にしても面白くないのでは」と、かなり困惑しました。

私にとって大事なのは、他人からどう思われるかではなく〝自分がどうしたいか〟です。

誰かに素敵だと思われなくても、自分や家族が納得できる暮らしをしていれば、そ

れでいいと思っています。

もちろん誰かに褒められることは嬉しいですし、承認欲求がゼロというわけではありませんが、それを満たすために行動することや、それで自分の本質が左右されることはありません。


私が現在のような考え方になったのは、今は亡き母の影響が大きいです。

母は他人に見栄を張ったり、何かを自慢したりするような性格ではなく、毎日やるべきことをきちんと済ませ、余った時間で自分のやりたいことを夢中で楽しむような人でした。

服装や持ち物にこだわらず、まわりの目にどう映りたいかよりも、自分がどうありたいかを大切にしていたように思います。

自分のやりたいことを楽しみながら、やるべきこともしっかりこなす。

そんな母の生き方を私は心から尊敬し、自分もそうありたいと願っているのです。

5 推し活で心豊かに

私には若い頃から常に誰かしら〝推し〟の存在がおり、現在は某メジャーリーガーを応援しています。

昨年は残念ながら球場に直接足を運ぶことは叶いませんでしたが、ほとんどの試合をリアルタイムで観戦しました。

推しが活躍すれば一緒に喜び、推しが不調なら一緒に悔しがり、日常生活ではなかなか味わえない勝負事のドキドキ感を楽しんでいます。

最初は推し本人だけを応援していましたが、やがてチームメイトにも情が移り、チーム全体を箱推ししている自分に気づきました。

年齢を重ねて、体調が優れないことや気分が落ち込むことが増えましたが、推しやチームメイトが一生懸命プレーする姿を見て、「自分も前向きに頑張ろう！」と明るい気持ちになり、元気の源になっています。

推しの写真を引き出しの中にしまっていたら、偶然そこを開けた娘に「お母さんの推しと目が合った」と笑われました。スマホの中にも更にたくさんの写真が保存されています（笑）。

今ではすっかり野球に夢中の私ですが、これまでは俳優やアーティストばかり推していて、メジャーリーグにはあまり関心がありませんでした。

推しのおかげで野球というスポーツの面白さを改めて知ることができて、本当によかったです。

私がSNSを始めたきっかけも、推しの最新情報をいち早く知りたかったから。自分からは発信せず、ひたすら見る専門です。

推しのニュース速報をチェックしたり、推しのファンの皆さんの投稿に「いいね」して回ったりしています。

我ながらミーハーだと思いますが、新しいことに興味を持つきっかけは何だっていいですよね。

いつか機会があれば、現地の球場まで観戦に行って、推しを直接応援できたらいいなと思っています。

6 何歳になっても学ぶ、何歳でも成長できる

私は60代になってから、本格的に英会話や投資について学び始めました。完全に独学で、お金はほとんどかかっていません。

今はどんなことでもYouTubeやVoicy(音声配信サービス)で、その道のプロや先輩方がわかりやすく教えてくださいます。

自分で情報の質を見極めてうまく取捨選択する必要がありますが、無料でこんなに豊富な知識を得られるなんて、本当にいい時代だなぁと思います。

結婚後は夫の事業を手伝っていたため、長らく英語の勉強から遠ざかっていましたが、自分の夢である世界一周に向けて英会話を学び直そうと決意。

掃除や料理をしながら、Voicyを聞いて先生の話し方をまねているうちに、単語の発音や会話の抑揚がだいぶ掴めてきた気がします。

投資については、YouTubeのお気に入りチャンネルを定期的に覗いて勉強中です。学んだことを綴ったノートは5冊目になりました。

個別株や短期トレードは素人の私には合わないと判断し、数年前から投資信託を長期保有目的でコツコツ購入しています。今年から特定口座をやめて、新NISAのみにする予定です。

英会話や投資以外にも、家事のテクニックなど様々な分野を学んでいます。

若い頃よりも知識の吸収力は衰えていると思いますが、知識欲は今の方が上かもしれません。何歳から学び始めても遅すぎることはないし、人は生涯成長し続けられると実感しています。

新しいことを学ぶのはぼけ防止にも役立つそうなので、これからも興味がある分野について積極的に学んでいくつもりです。

7 我が家の家計表

私は倹約家ではないので、あまり参考にならないと思いますが、我が家の月平均の家計表をご紹介します。私、夫、息子の3人家族です。私たち夫婦は年金の他、自営業で細々とした収入を得ています。息子は障がい者枠の正社員として働いており、月3万円の生活費を家計に入れる決まりです。

家計簿は一応つけていますが、見直すことはあってもそれで「もっと出費を抑えよう」と行動に移すことは少ないかもしれません。何故なら、自分なりに有意義なお金の使い方ができていると思っているからです。

私にとって家計簿は、家計を把握するツールというより、忘れっぽい自分のための

我が家の家計表

固定費	住居費	（持ち家）なし
	水道代	（夫の盆栽の水やり代含む）12,000円
	電気代	15,000円
	ガス代	8,000円
	通信費	（固定電話＆スマホ3台分）6,000円
	保険料	（家族3人分）12,000円
	夫小遣い	（交際費含む）20,000円
	妻小遣い	（主に推し活費）10,000円
	寄付金	（10年以上継続中）5,000円
小計		88,000円
変動費	食費	（家族3人分、外食費含む）75,000円
	日用品代	3,000円
	被服費	3,000円
	美容費	（美容皮膚科含む）9,000円
	医療費	（家族3人分）8,000円
	旅行費	（家族3人で年間36万円）30,000円
	雑費	（サプリ代など）10,000円
小計		138,000円
合計		226,000円

備忘録。

お金の使いどころは人や家庭によって様々なので、自分や家族が満足する使い方ができていれば、よそと比較する必要はないと思っています。

価値あることにお金を使い、それ以外の出費を減らす

正直に言って、大雑把な私は細かい節約が苦手です。

やっていることと言えば、電気やスマホの契約会社をたまに見直すとか、エアコンの温度を夏は28℃・冬は20℃にキープするとか、固定費を少し下げる努力くらい。無理なくラクに続けられることしかできません。

何でも節約するというより、自分にとって価値があると感じたことには惜しみなくお金をかけて、それ以外の出費をできるだけ減らし、家計のバランスをとることを重視しています。

私がお金をかけたいポイントは、趣味である旅行と家族との食事です。

3人家族の一般的な食費や旅行費と比べると、予算を多くとっていると思いますが、私の場合、ここにゆとりがないと毎日に張り合いがなくなってしまいます。

私は若い頃から旅好きで、スケジュールに旅行の予定が入っていると、大変なことがあっても頑張ろうと思えるのです。


逆にお金をかけなくてもいいと考えているのは、被服費です。

流行のファッションにはあまり興味がないため、シーズンごとに買い替えることはせず、服がよれよれになって清潔感が失われたり、体型に合わなくなったりしたタイミングで新しい服を購入しています。昔の服は品質の良いものが多く、10年以上愛用していたセーターもありました。

気楽に着られる価格帯の服が好きなので、お金はそんなにかかりません。

貯金は手取りの20％くらいを毎月貯めており、そのほとんどを投資に回している状況です。

私がお金を貯める目的はふたつあります。ひとつは将来介護が必要になった時のため、もうひとつは趣味の旅行を楽しむためです。

若い頃は「老後までに〇〇円は貯めておこう」という気持ちで貯金を頑張っていましたが、現在は具体的な目標金額を設けず、無理なくマイペースに貯金や投資に励んでいます。

8 旅は単なる娯楽ではなく、私の生きがい

私の一番の趣味は旅行です。旅が好きすぎて、小学生の頃から旅行関連の仕事に就きたいと思っていたほど。

私にとって旅は非日常を楽しむための単なる娯楽ではなく、自分を成長させるための学びでもあると考えています。

普段はガイドブックや旅番組で旅行気分を味わっていますが、何事も可能な限り身をもって体験してみたいのです。

時に旅は、数冊の良書を読んだ後と同じくらいの深い感動と気づきを人生に与えてくれると思っています。

私の両親が「旅を通して学んでほしい」と私をいろんな場所へ連れていってくれたように、私も子どもたちを連れて日本全国や海外を旅しました。美しい景色、様々な文化と歴史、現地の人々との出逢い、そこでしか体験できないこと。五感でたくさん感じて、たくさん学んできました。

私が特に印象に残っている旅先は、成人した娘と2人で訪れたバルセロナのサグラダ・ファミリアです。

その崇高な美しさ、スケールの大きさ、彫刻の素晴らしさに圧倒され、1882年の着工から「どれだけ多くの人々が建築に携わってきたのだろう」と涙するほどの感銘を受けました。

隣にいた娘が「教科書の写真と全然違う。今まで生きてきた中で一番美しい建築物を見た」と目を輝かせながらつぶやいた時、旅の経験が彼女の心に深く刻まれたと感じて、とても嬉しかったです。

15年経った今でも「あの時の感動を昨日のことのように覚えている」と語る娘の姿に、旅をして本当によかったと思いました。

夢があるから頑張れる

日常生活はもちろん大事ですが、人生そのものが旅ならば、たまには寄り道する時間があってもいいと思います。

私の夢はいつか世界中をこの目で見て回ること。そのために若い頃からコツコツ貯金しています。

ここ数年は父の介護や年老いた愛犬たちの看病で忙しく、旅行会社から世界一周旅行の案内が届くたびに「今はまだ無理ね」と諦めて、何冊もパンフレットを積み上げてきました。

心配性の夫に反対されていたことも後回しになっていた理由のひとつです。

娘夫婦が「後悔しないように行ける時に行った方がいい」と、一緒に夫を説得してくれたおかげで、ついに旅立つ決心がつきました。

少し先の未来に楽しみな予定が待っていると人は頑張れるもので、日常会話で困らない程度の英語力を身につけておこうと勉強したり、筋トレやウォーキングをして体力づくりに励んだりしています。

旅行に出発する前に持病が悪化しないよう、健康には特に気をつけたいです。

夫のことは心配ですが、息子も「留守中は僕が頑張るから大丈夫」と言ってくれているので、甘えさせてもらおうと思っています。

旅に関する本を読んで、次に行ってみたい場所のイメージを膨らませています。繰り返し読みすぎて、クタッとなっているものも(笑)。

9 片付けの目的は、これからの人生を快適にすること

これまでモノを手放すことについて語ってきましたが、私の片付けの目的はモノを極限まで減らすことでも、部屋を完璧に整えることでもなく、〝自分や家族が快適に暮らすこと〟です。

片付けに完璧さを求めると、息苦しくなってしまいます。

モノを手放すことにためらいがあるなら無理しなくていいし、疲れているなら部屋が散らかっている日があってもいいし、生活に支障が出ないならモノであふれている場所があってもいいのではないでしょうか。

片付けは自分なりに頑張れば、それで充分だと思います。

自分や家族から笑顔がなくなってしまっては意味がありませんから。

片付けが思いどおりにいかなくてモヤモヤしてしまう時は、自分が何故片付けたいのか、その理由をもう一度考えてみてください。

最近はシンプルライフやミニマリストに注目が集まっていて、持たない暮らしが正解のような風潮がありますが、私と同じ世代は「モノを大事にする」「捨てるなんてもったいない」という価値観で育ってきた方も多いと思うので、無理して自分に合わない暮らしを目指す必要はないと思っています。

人それぞれ個性が違うように、自分に合う片付け方やライフスタイルはいろいろあって、万人に共通する正解はないからです。

東日本大震災をきっかけに始めた我が家の片付け。大きな家具を減らし、日常生活の中の小さなストレスを地道に解決していって、老前整理は9割くらい完了しました。

ミニマリストの皆さんから見れば、まだまだモノがたくさんある状態ですが、片付けを始める前よりもだいぶ生活しやすくなり、これから更に年齢を重ねた後も、床に散らばったモノにつまずいたり、背の高い家具が転倒して下敷きになったりする心配はなくなったと思います。

何でも減らせばいいわけではない

老前整理をほぼ終えた今、改めて思うことのひとつは「何でも減らせばいいわけではない」ということ。

老後の暮らしに不要だと思うモノを潔く手放すのと同時に、防災備蓄など本当に必要なモノは数にこだわらず、状況に応じて増やしていこうと思っています。

そして、もうひとつは「快適に暮らすために必要なモノもその適量も人それぞれ異なる」ということ。

私は誰がどう暮らそうがその人の自由だと思っているし、マキシマリストの夫とも

お互いに干渉しすぎずにうまくやっていきたいと思っています。

より身軽に、より快適な暮らしを目指して。これからも思い立ったら即行動していきたいです。

第6章
愛用品紹介

キッチングッズ&食器

栗原はるみ
揚げ物皿

天ぷらなどの揚げ物をそのまま盛るだけで余分な油をきれるため、熱々のまま食卓に運べます。

Francfranc
食器

和食・洋食どちらとも相性がよく、使い勝手がいいので毎日のように使っています。色柄もお気に入りです。

iwaki
パック&レンジ

透明なので中身の残量が一目でわかり、ラベリング不要です。フタを外せばオーブン調理もOK。

切子グラス

10年以上愛用している藍色の切子グラス。夫いわく「これで飲むとお酒がより美味しく感じる」そうです。

キッチングッズ&食器

アイクック鍋 ルシエ

8役こなすスチームクッカー。さつまいもなどの野菜を蒸すのに使用。食材の栄養を逃がしません。

サーモス シャトルシェフ

煮込み時間が短縮できるので、煮崩れを防ぎ、光熱費を大幅に節約できます。保温効果もバッチリです。

栗原はるみ 茶筒

密封性が高くて長年愛用しているお気に入り。主にチアシードの保存容器として使っています。

グリルパン

魚焼きグリルが汚れないので、手入れが本当にラクになります。揚げ物の温め直しにも便利です。

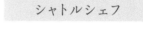

食品

ホワイトチアシード

ヨーグルトに入れて、不足しがちな亜鉛、鉄、食物繊維の摂取に。ダイエットにもオススメです。

ヨーグルト・ナッツ

朝食はヨーグルトと大さじ2杯分のミックスナッツが定番です。ゆずのハチミツ漬けを入れることも。

サバ缶・納豆

どちらも毎日欠かさずに食べています。サバ缶はカルシウムたっぷりで、骨粗鬆症の予防に役立つそう。

えごま油・オリーブオイル

オメガ3などの体にいい油をバランスよく摂るように意識しています。えごま油はドレッシングとして使用。

食品

魚せんべい

食欲がなくてサバ缶を食べられそうにない時に、代わりに食べています。私のお気に入りはイワシです。

オートミール

市販のフリーズドライスープや味噌汁に入れて、飽きないように味を変えて楽しんでいます。

BASE BREAD

１食に必要な30種類の栄養素がすべて入った完全栄養食。メープル味を小腹がすいた時に食べています。

大麦　胚芽押し麦

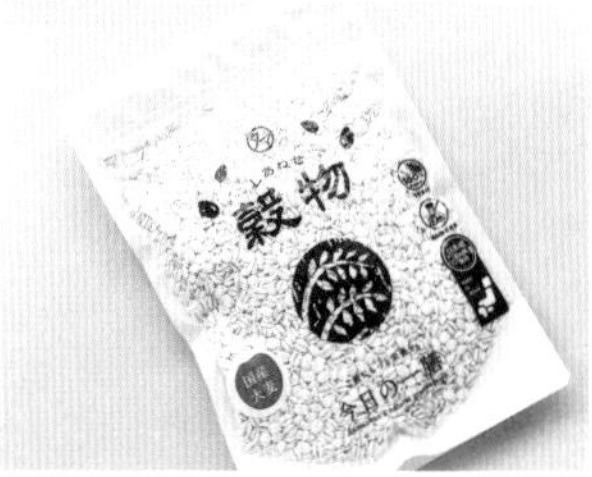

白米に混ぜるだけで毎日たっぷり食物繊維を摂取することができます。もちもちとした食感です。

食品

八七一珈琲 デカフェコロンビア

味も香りも素晴らしくて、飲むたびに幸せな気分になれます。自分へのプチご褒美にカフェインレスを愛飲中。

自家製おからチーズケーキ

小麦粉と砂糖を一切使わないヘルシーなおやつ。材料はクリームチーズ、おから、卵、牛乳、羅漢果、オリゴ糖。

たんぽぽコーヒー

カフェインレスのお茶を探していて出合いました。どこか土っぽい、麦茶とコーヒーの中間のような味です。

ごぼう茶

家族全員で長年愛飲中。ごぼうに含まれるサポニンは免疫力を高め、細胞の老化を防ぐと言われています。

インテリアグッズ&家具

ペーパーコードチェア

軽量なので片手でラクに運べます。肘掛けをテーブルに引っかけて浮かせると掃除しやすいです。

ゲリドンテーブル

天板に荷重がかかると安定する構造で、美と実用性を兼ね備えたデザイン。この上に欅の天板を載せています。

シンプルヒューマン レクタンギュラー

インテリアに馴染むスタイリッシュなゴミ箱。大容量で使いやすく、少し高価ですが投資して正解でした。

無印良品 ファイルボックスフタ

キャスター台にもなる便利なフタ。この上に載せれば、重いモノでも簡単に移動できます。

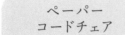

日用品

がんこな汚れを落とすシート

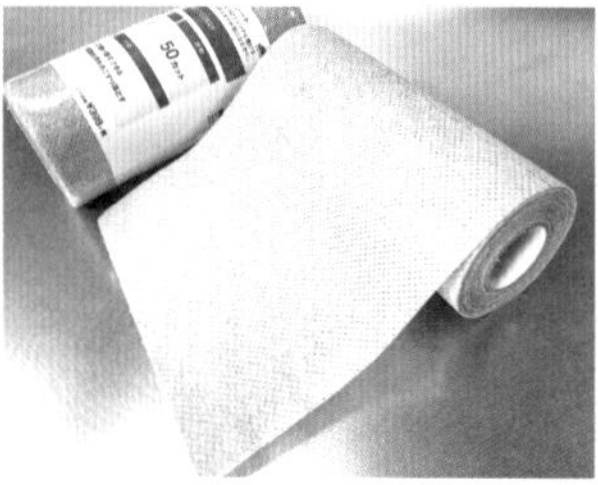

キッチンスポンジ代わりとして使用。食器洗い→根菜の泥落とし→排水口掃除と三段活用しています。

洗って使えるペーパータオル

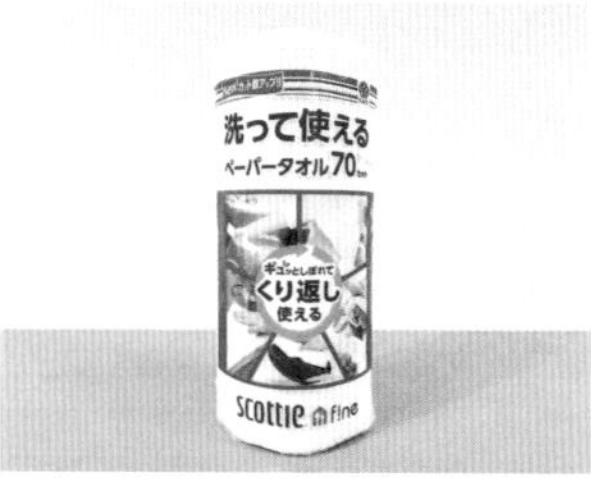

ふきん代わりとして使用。食器拭き→台拭き→床掃除と最後までムダなく使いきっています。

泡のボディソープ・緑の魔女

ボディソープは手洗いや洗顔に。緑の魔女は香りが気にならず優秀な洗濯用洗剤。柔軟剤は使っていません。

ダニ捕りロボ

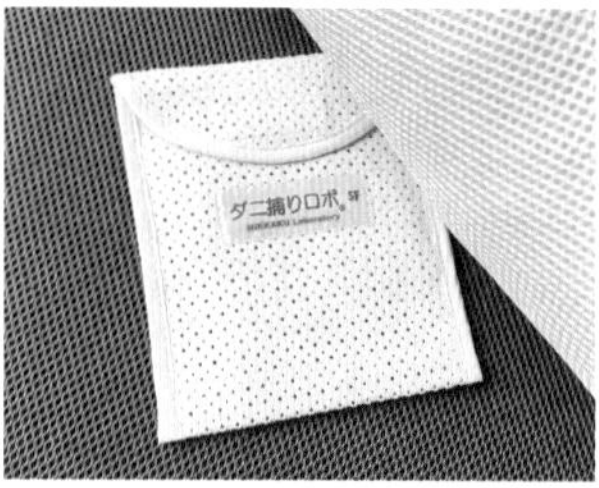

マットレスに挟んで使っています。10年以上リピート中で、ダニの心配とは無縁になりました。

ビューティーグッズ

clayence
クレイスパ カラートリートメント

2週間に1回のペースで入浴時に使用。使うたび徐々に白髪が染まっていきます。1回5分でラクです。

KAMIKA
濃密クリームシャンプー

コンディショナー不要のクリームシャンプー。白髪染めのダメージを補修して、色持ちをキープしてくれます。

ガラス製爪やすり

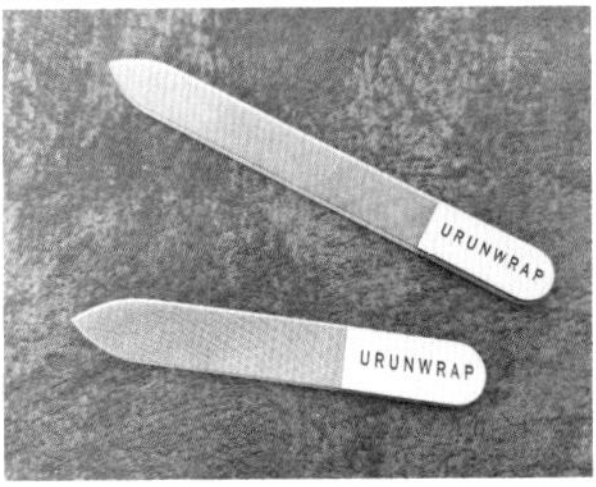

マニキュアは使いきれないので卒業し、爪やすりにシフト。自然なツヤが出て清潔感がアップします。

パドルブラシ

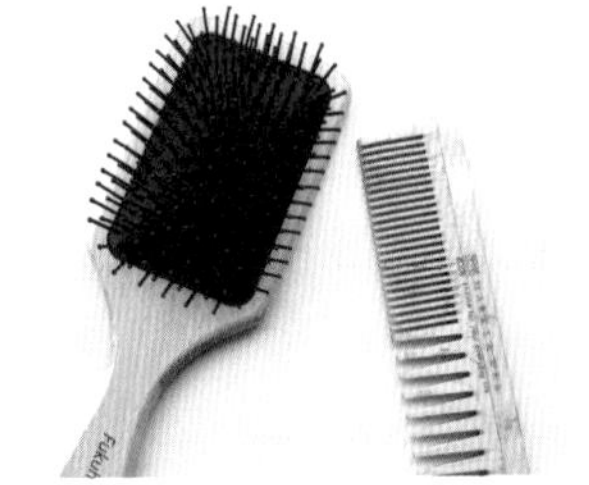

頭皮の血行促進のため、朝晩2回パドルブラシでブラッシングしています。マッサージ感覚で気持ちいいです。

ファッショングッズ

銀座ヨシノヤ
トートバッグ

白×パンチングが爽やか。大雑把なので、何でもポイポイ放り込める軽くて大きなバッグが好きです。

白いスニーカー

日常生活でもっとも活躍している靴。汚れが拭き取りやすいレザー調を愛用。定期的に新調して清潔感をキープ。

無印良品
着る毛布

フリースジャケットだけでは寒い日に活躍。脚まですっぽり覆えて真冬でも日中は暖房いらず。電気代の節約に◎。

ゆきねえブラキャミ

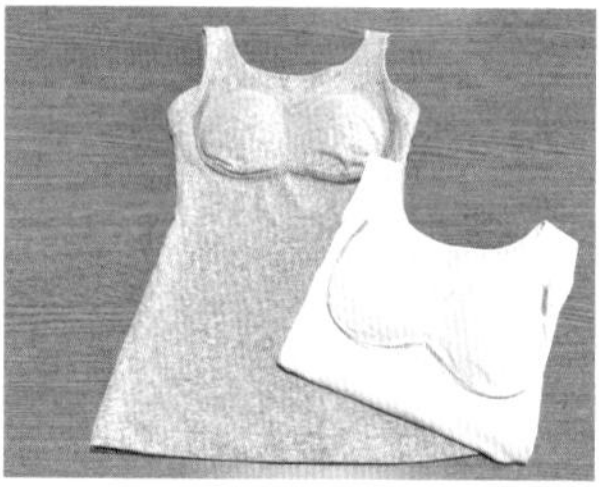

一生リピートしたいノンワイヤーのブラキャミ。日中も就寝時も24時間着けたまま過ごしています。

ファッショングッズ

本真珠のネックレス

母が愛用していたものを20代の頃にもらい、冠婚葬祭で活躍中。40年経った今でも上品な照りはそのまま。

クレドール
腕時計

亡き母の形見の品。両親のペアウォッチだったものを譲り受けました。タイムレスなデザインで美しいです。

MIZUHIKI SATO
水引イヤリング

モダンにアレンジされた水引のデザインがお気に入り。縁起物なのでお祝いの席にも。お手頃価格で嬉しい。

黒真珠のブローチなど

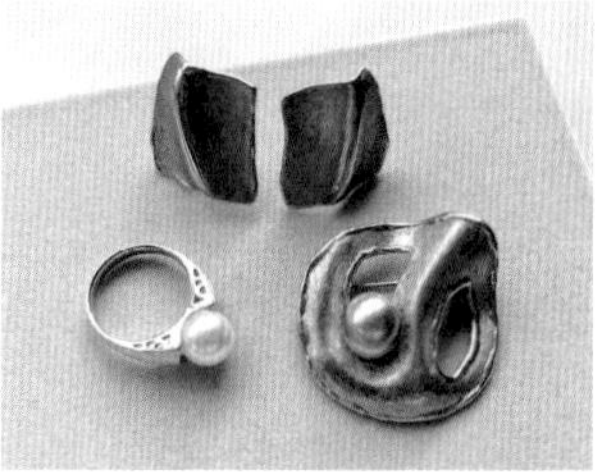

ジュエリーデザイナーの友人に作ってもらったアクセサリーたち。シンプルな装いもモードな雰囲気に。

おわりに

私は片付けを通して、自分自身としっかり向き合い、自分が本当に大切にしていることに改めて気づきました。

私が暮らしを整えているのは、心身共に身軽になり、人生を思いっきり愉しむため。晩年になって「もっとこうしておけばよかった」と後悔したくないから。

年齢を重ねるごとに、部屋も心も軽く。

これからも〝悩む前にまず行動〟をモットーに、今日という一日を大切に過ごしていきたいと思っています。

最後になりましたが、この本の出版に際し、ご尽力賜りました皆様へ心より感謝申し上げます。

親しみやすいお人柄で頼りになる編集者の宮川さん。ぬくもりのあるデザインを考案してくださったデザイナーの西田さん。我が家をとても素敵に撮影してくださったカメラマンの山川さん。私の話をまとめてこの本を執筆してくれた娘のponpoco。せっかちな私をいつも支えてくれる家族のみんな。

そして、無名の私の本を手に取り、最後まで読んでくださった皆様。本当にありがとうございました。

あなたの毎日がより軽やかで素晴らしいものとなりますように。

2024年春　pocohaha

66歳、まずやってみる。
人生を愉しむシンプル暮らし

発行日
2024年3月31日　初版第1刷発行

著者
ponpoco

発行者
小池英彦

発行所
株式会社 扶桑社
〒105-8070
東京都港区海岸1-2-20 汐留ビルディング
電話 03-5843-8842（編集）
03-5843-8143（メールセンター）
www.fusosha.co.jp

印刷・製本
株式会社 広済堂ネクスト

ISBN978-4-594-09689-2

ponpoco

ゆるーく自分なりのミニマルライフを楽しむ30代。ブログ『ぜいたくゆるミニマリスト』にて、〝本当に好きなコトに時間とお金を使いたい〟をテーマに記事を執筆。著書に『200着の服を8割減らしたらおしゃれがずっと楽しくなった』（扶桑社刊）がある。
https://ponpoco-minimalist.com/

pocohaha

〝悩む前にまず行動〟をモットーに、心身共に身軽な状態で老後を迎えるため、老前整理に取り組む60代シンプリスト。モノを捨てられないマキシマリストの夫と収集癖のある息子との3人暮らし。趣味は旅行と読書で、いつか世界一周することが夢。SNS等で発信活動はしていないが、たまに娘ponpocoのブログに登場している。

撮影
山川修一（扶桑社）、ponpoco

AD
三木俊一

デザイン
西田寧々（文京図案室）

校正
小出美由規

編集
宮川彩子（扶桑社）